Sommario

*A mio padre **Carlo Armando**, il "mio perché"*

*A mia madre **Pina Summa**, del "se lo fanno gli altri lo posso fare anche io"*

*A mia moglie **Alina Quintana**, con la quale ho condiviso tutte le paure, le difficoltà e i successi*

*A **Simone Forte**, che mi aiuta, ogni giorno, a migliorare i colori della mia personalità*

*A **Giovanni Perilli**, il "Robin" nel mio processo di trasformazione*

*Ad **Angelo Fasola**, che mi ha permesso di esprimere la mia imprenditorialità in un nuovo e ambizioso progetto*

*A tutti i nuovi e passati **Professionisti** e **Collaboratori** con i quali ho condiviso ogni pezzetto del mio percorso di Trasformazione*

CARLO CARMINE

DA PROFESSIONISTA A IMPRENDITORE

IN 24 H
CON LA FORMULA W.I.A.C.

Tecniche e Strategie per Delegare, Scalare, Controllare il tuo Business e Trasformare la tua Professione in una Azienda

Titolo

"DA PROFESSIONISTA A IMPRENDITORE"

Autore

Carlo Carmine

Editore

Bruno Editore

Sito internet

http://www.brunoeditore.it

Tutti i diritti sono riservati a norma di legge. Nessuna parte di questo libro può essere riprodotta con alcun mezzo senza l'autorizzazione scritta dell'Autore e dell'Editore. È espressamente vietato trasmettere ad altri il presente libro, né in formato cartaceo né elettronico, né per denaro né a titolo gratuito. Le strategie riportate in questo libro sono frutto di anni di studi e specializzazioni, quindi non è garantito il raggiungimento dei medesimi risultati di crescita personale o professionale. Il lettore si assume piena responsabilità delle proprie scelte, consapevole dei rischi connessi a qualsiasi forma di esercizio. Il libro ha esclusivamente scopo formativo.

Prefazione

a cura di Gianluca Lo Stimolo

In un mondo in cui le capacità di fare impresa e di comunicare al meglio sé stessi e il proprio business la fanno ormai da padrona, questo libro è un toccasana.

Un vero e proprio vademecum tratto da un'incredibile storia di successo, narrata dal protagonista, che condivide "gioie e dolori", ma soprattutto tutto quanto ha appreso nel passaggio che l'ha portato, in circa due anni, a rivoluzionare i suoi risultati e a trasformare uno studio professionale in un gruppo aziendale leader nel suo settore.

Quando Carlo Carmine mi chiamò per chiedermi se avessi avuto piacere di scrivere questa prefazione, ne fui entusiasta e onorato. Non solo perché lo considero una persona umanamente meravigliosa, ma anche perché ho avuto la fortuna e il piacere di assistere e contribuire, con strategie e servizi di *personal branding* e *marketing*, a quella evoluzione, ben raccontata in quest'opera, che gli ha permesso di creare un team di persone straordinarie e costruire un'azienda milionaria.

Questo libro è scritto per chi vuole effettuare un cambiamento analogo nel proprio ambito, per quei professionisti preparati che vogliono qualcosa in più e che desiderano creare una vera azienda partendo dalle competenze, per chi vuole ardentemente andarsi a prendere ciò sente di meritare, per chi è pronto ad agire da subito, ora. Per chi è disposto a cambiare il suo *mindset*, il modo in cui ha visto fino ad oggi il proprio business.

E di *mindset* innanzitutto parla, di quello che è necessario credere, pensare ed essere per poter raggiungere obiettivi ambiziosi.
Parla di temerarietà, di voglia di riscatto, della capacità di trasformare la frustrazione di non aver ancora raggiunto i propri scopi nell'energia necessaria per rendere reali quelli che rischiano di restare solo sogni.

Ma parla anche e in maniera approfondita di strategie, di tecniche di *marketing* e *funneling*, di *delega*, di *procedure replicabili* e *scalabili*, di *misurazione*, dell'importanza di metterci la faccia e di come costruire e gestire una squadra di successo. Insomma, tutto quello che serve per trasformare un'attività professionale in una imprenditoriale, eliminando tutti i limiti alla crescita, che l'organizzazione di un professionista si porta inevitabilmente dietro.

Potrebbe sembrare a prima vista un manuale scritto da un coach o un formatore. Ma Carlo Carmine non è né un coach né un formatore. È invece una persona che il cambiamento da professionista a imprenditore l'ha vissuto in prima persona e lo racconta in quest'opera nelle sue difficoltà e con le lezioni apprese e le strategie che gli hanno permesso di raggiungere un risultato oggettivamente fuori dalla norma.

In questa sua veste, è forse più un mentore, che, avendo percorso un sentiero poco calpestato, può svelarne le insidie e guidare ogni singolo passo per arrivare a una mèta che ben conosce.

Quando conobbi l'autore il suo percorso di cambiamento era appena iniziato. Era già da molti anni un professionista affermato con forti competenze tecniche in area tributaria e di difesa del patrimonio. E questo è un elemento importante perché, come da sempre sostengo nella mia attività di *Business Celebrity Builder*, è su una forte competenza specifica che si possono fondare un brand personale rilevante e lo sviluppo di un'impresa.

Ma, se stai leggendo queste pagine, probabilmente anche tu sei un professionista affermato e non è la competenza tecnica il tuo punto debole. Quanto forse le convinzioni limitanti nella possibilità di creare un'azienda di grande successo e la poca conoscenza delle strategie che servono realmente. E qui le troverai. Un professionista affermato quindi.

Eppure, nonostante le riconosciute competenze tecniche, la frustrazione di essere pagato solo per il proprio tempo e di trovarsi a 42 anni molto lontano da quello che aveva sempre desiderato per sé e la propria famiglia, l'aveva portato a prendere una decisione travolgente in un solo istante. Perché è in un istante che inizia la trasformazione.

Quel *momentum* in cui si promette a se stessi di non accettare più quello di cui ci si è accontentati fino al giorno prima. Quell'attimo in cui si sceglie con tutto se stessi di volere *nuovi standard*, impegnandosi fino allo stremo per raggiungere quello che si vuole.

Il fatto che l'inizio del cambiamento Carlo l'avesse già vissuto, mi fu palese immediatamente. Nonostante abbia conosciuto decine di migliaia di persone impegnate nella propria crescita personale o in percorsi di personal branding, non avevo mai incontrato nessuno con quel livello di atteggiamento.

Carlo Carmine era una spugna, pronta ad assorbire tutto quello che apprendeva nei tanti corsi frequentati e a mettere in pratica immediatamente tutto quello che imparava. Non c'era spazio nel suo incedere per il dubbio, per quel dialogo interiore orientato alla critica, che limita la maggior parte delle persone e dei professionisti.

Non c'era tempo né volontà di giudicare una teoria, una tecnica, un formatore o un consulente. Una volta scelto il migliore nel suo campo, Carlo cercava di imparare più possibile e di applicarlo da subito alla sua realtà.

Raramente ho conosciuto persone così umili nell'apprendere e così grate per ogni piccolo successo a se stesse e a tutti quelli che hanno contribuito a quel passo in avanti.

Un atteggiamento che si respira in tutto il team che ha creato e gestisce. Un senso di gratitudine che oggi rivolgo io a lui in questa prefazione e sono certo che alla fine della lettura avrai forte anche tu.

Partendo da un piccolo studio professionale, di tre soci e pochi collaboratori, che fatturava circa 300.000€ all'anno, Carlo Carmine ha creato in appena due anni il primo vero gruppo aziendale in ambito legale a tutela del patrimonio, e non solo, che conta 5 aziende floride con respiro internazionale, e un fatturato medio annuo che supera abbondantemente i 10 milioni.

È riconosciuto come il difensore patrimoniale per antonomasia. Ha creato e gestisce un team in continua espansione che conta più di 200 collaboratori. Ha fondato e presiede l'Osservatorio nazionale sulla Tutela del Patrimonio. Appare costantemente sui media più blasonati. È autore di libri e di un format tv rivolto agli imprenditori come lui. Ed è indubbiamente quello che potremmo definire "un imprenditore di successo" per i risultati e il grande equilibrio raggiunto tra la vita professionale e personale.

La mentalità, i modelli e le strategie replicabili che gli hanno permesso una trasformazione così repentina è quello che leggerai e potrai utilizzare da subito nella tua realtà.

Questo libro è uno stimolo forte a decidere e ad agire, a mettere da parte quella sensazione di essere già arrivati, di saperla lunga, ad aprirsi a un nuovo modo di concepire il proprio business e se stessi. È un invito ad avere il coraggio di azzerare il proprio sistema di convinzioni per aprirsi all'evoluzione.

Carlo è un vero maestro nel fare questo nella sua vita. Lo fa tutti i giorni e ha imparato la cosa forse più difficile per un professionista: quella di smetterla di filtrare qualsiasi cosa nuova in funzione di quello che sappiamo già o crediamo di sapere.

Sei disposto ad azzerare tutto, a smetterla di essere un professionista a volte troppo pieno di te per cambiare? Sei pronto a smetterla di giudicare ogni cosa che ha funzionato per altri in base alle esperienze avute fino ad oggi e a crearti un nuovo sistema di convinzioni? Si parte da qui.

Dal tornare a essere umili. Non perché qualcun altro vuole imporre le sue idee, ma perché è il modo migliore per effettuare in poco tempo un vero cambiamento. Acquisirai la forma mentis e gli strumenti necessari per ottenere i risultati che desideri. Elimina i *"secondo me"* per trarre il più possibile.

Se decidi di dargli credito continuando a leggere queste pagine, perché la sua storia ti ispira, daglielo fino in fondo. Parti da zero. Questo è l'atteggiamento che ha permesso a Carlo Carmine di diventare l'imprenditore di successo che oggi è.

Ci vogliono curiosità, voracità di conoscenza, determinazione nell'imparare e nell'incedere. Alcuni lettori non leggeranno cose nuove, ma certamente l'ispirazione ad agire. Altri troveranno invece strategie mai sentite: un vero percorso per creare l'azienda che vogliono. Tutti scoprirete il modo di pensare, le tecniche e i consigli di chi ha applicato quello che pensava di sapere già, ottenendo ciò che desiderava.

Non è un libro per spettatori. È un piano chiaro e replicabile da mettere in campo e in pratica. Una sorta di mappa per il tuo successo imprenditoriale, da seguire "con calma, ma con ritmo", come ama spesso dire l'autore nella vita di tutti i giorni.

Oggi, da queste pagine, inizia un vero cambiamento. Quello che ti consentirà di diventare il vero imprenditore che hai sempre desiderato e di essere al meglio l'eroe della tua storia d'impresa.

Gianluca Lo Stimolo
Business Celebrity Builder
Founder & CEO di Stand Out

Introduzione

42 anni di età… qui inizia la mia storia di trasformazione! Inizio subito ammettendo che ti ho mentito.

Questo libro parla di come trasformarsi "Da Professionista a Imprenditore" in 24 ore con una formula precisa, testata proprio su di me, e osservata su tanti imprenditori; eppure, come ti ho anticipato, non è proprio così.

Per trasformarmi non sono stati sufficienti i miei primi 42 anni di età, ma è bastato un attimo, un secondo, una sensazione per innescare la miccia di una fiamma pronta ad accendersi da tempo.

Prima di parlarti di quell'istante e di quella miccia devo fare un passo indietro. Un passo verso il mio enorme senso di frustrazione, di arrabbiatura nei miei confronti, di delusione e di paura…
Poteva davvero la mia vita, dopo tutti i sacrifici che avevo fatto, riservarmi solo quello che avevo? Continuavo ad urlare a me stesso di meritare di più… molto di più.

Come spesso si dice, nella vita ci sono dei treni da prendere che possono cambiarti la vita ma ad essere sincero, a 42 anni, avevo paura. Mi chiedevo se fossero passati altri treni che avrebbero potuto sconvolgere la mia vita. Ormai i miei 20 e 30 anni, il tempo dei treni che danno opportunità erano trascorsi…

Sono nato a Napoli, padre commerciante (imprenditore mancato! e vedrai alla fine del libro quanto questo ha inciso sulla mia vita) e madre che ha sempre lavorato "con" e "per" mio padre. Non avevano neanche il titolo delle scuole medie, ma entrambi erano due lavoratori instancabili e con valori fortissimi.

A 18 anni inseguo il mio sogno, a dire il vero, quello di mio padre: laurearmi all'Università Bocconi di Milano! All'epoca, la migliore università di Economia d'Italia e senza dubbio tra le più prestigiose al mondo.

Con mio padre ne parlavamo da almeno 3 anni, da quando ne avevo 15. Studiai tutta l'estate, superai gli esami di ammissione, seppur con un voto di maturità che mi assegnava un punteggio iniziale non proprio alto e, una mattina del settembre 1993, insieme a lui partii.

Lo facemmo tra le lacrime di tutti, alle 5.30 del mattino, verso quella Milano che sarebbe diventata la mia nuova casa.

Dopo tantissimo tempo mi chiedo ancora perché partimmo così presto! La risposta che mi sono dato è che, forse, serviva per poter raccontare, a distanza di anni, quel momento con l'enfasi che gli sto dando scrivendo questo libro!

Sentivo su me stesso un peso e una responsabilità incredibili. Ricordo ancora perfettamente le parole di mio padre durante il viaggio: "Figlio mio, se dovessi avere difficoltà all'università a Milano non ti preoccupare, puoi sempre ritornare a Napoli e iscriverti alla facoltà di Giurisprudenza". Ricordo come fosse ora, e ancora mi si chiude la gola.

Gli risposi: "Se non dovessi riuscirci, piuttosto che rientrare a Napoli me ne vado in India! **Se ci riescono gli altri ce la farò anche io**" (parole che sempre ripeteva mia madre). Sentivo la responsabilità e l'obbligo morale di farcela.

Quelli dell'università sono stati anni davvero difficili. Milano era totalmente diversa da come la conosciamo oggi, era più "milanese" e meno internazionale. Per diversi anni non ho voluto che mia madre venisse a trovarmi. Avevo bisogno di sentirmi forte e di non avere aiuti o appoggi. Dentro di me ero in missione. Dovevo farcela!

Ricordo con un sorriso affettuoso quello che accadeva durante i fine settimana dell'università, qualcosa di davvero emblematico. La domenica mattina mi telefonava mio padre e gli raccontavo la splendida serata del sabato sera trascorsa con i miei amici. I miei racconti lo rendevano soddisfatto e sereno, perché mi ripeteva sempre che ero giovane e dovevo divertirmi, non solo studiare.

La verità? 9 volte su 10 dicevo una bugia! In realtà la maggior parte dei fine settimana li trascorrevo studiando, ma volevo che mio padre si sentisse contento e sereno pensando che mi stavo anche divertendo. Credo di essere stato uno tra i pochi studenti a mentire ai propri genitori dicendo che usciva mentre restava a studiare, anche il sabato sera.

Il 10 luglio 1998, dopo quattro anni e mezzo di studio intenso, mi laureai alla Bocconi in "Economia e Legislazione per le Imprese", discutendo una tesi in Fiscalità internazionale; quel giorno divenni il primo membro della mia famiglia a laurearmi!

Fu un giorno magico, unico e indimenticabile, il primo passo di quel viaggio che avevo tanto sognato, verso il grande e apprezzato professionista che sarei diventato.

Subito dopo la laurea mi iscrissi al Master Tributario de "Il Sole 24 Ore" che durava tutto il giorno. Ripetevo continuamente a me stesso che sarei diventato un professionista affermato e ci sarei riuscito!

La sera, finito il master (che durò un anno intero) non contento, mi recavo in Bocconi a frequentare un altro corso di specializzazione in Fiscalità internazionale.

Terminato questo anno faticosissimo il mio primo lavoro fu presso lo studio professionale di KPMG, una delle tre società di consulenza più importanti e grandi al mondo. Ricordo che aspettavo la sera tardi per entrare nelle stanze dei manager (non me ne vogliano a male) per fotocopiare i loro lavori e studiarli. Dovevo imparare!

All'interno della società si viveva in una competizione incredibile e io non potevo restare indietro. Sapevo che dovevo dare qualcosa in più degli altri. Avevo un unico scopo: diventare un professionista affermato! Lo dovevo ai miei genitori!

Gli sforzi che avevano fatto per me erano stati davvero tanti. Così, dopo un'intera giornata lavorativa, frequentavo un altro corso serale di specializzazione, sempre in Bocconi. Ricordo che iniziai anche a scrivere su alcune riviste specializzate di diritto tributario internazionale. Che soddisfazione! Altri passi verso il mio sogno di diventare un professionista affermato!

Trascorse soltanto un anno in KPMG quando fui contattato dal reparto di fiscalità internazionale della Deloitte & Touche di Milano, altra grandissima società di consulenza mondiale.

Decisi di cambiare e mi trasferii a lavorare presso la loro sede a Milano. Sgobbavo come un matto! Terminavo tutte le sere alle

22.00 e tornando a casa a piedi assaporavo tutti i miei sacrifici, quasi a godermi quel "viaggio". Stavo creando il mio futuro e il mio successo.

Tutte le domeniche avevo appuntamento con un mio collega alle 8 di mattina per scrivere articoli sulle riviste specializzate di settore. Erano articoli molto impegnativi e richiedevano tempo e studio.

Dopo il primo anno in Deloitte & Touche, insieme al mio manager, su mia insistenza (!), decidemmo di dimetterci per aprire il nostro studio di fiscalità internazionale. Inaugurammo lo studio, con tanto di party, il 10 settembre 2001: il giorno prima della triste caduta delle Torri Gemelle a New York!

Tutti i miei sacrifici si stavano concretizzando.
A soli 25 anni stavo aprendo, con il mio socio, uno studio di fiscalità internazionale tutto nostro!

Sì, Sì, Sì. Anni di durissimo lavoro e di studio incessante. Ricordo che prendevo l'aereo da Milano per Napoli il pomeriggio del mercoledì e ritornavo a Milano la mattina successiva alle 06.30:

tutto questo solo per partecipare alla Commissione di Fiscalità internazionale appena istituita dall'ordine dei Dottori Commercialisti di Napoli.

Volevo esserci, volevo essere riconosciuto da tutti come un grande e affermato professionista. Avevo un solo obiettivo: dare ai miei genitori tutte le soddisfazioni che meritavano per i tanti sacrifici fatti. Dovevo ripagare le lacrime di mia madre che per anni mi ha visto solo qualche giorno all'anno!

Oggi, mentre scrivo, mia madre è proprio qui davanti a me sul balcone di casa mia a Barcellona (dove vivo) guardando il mare... quanta strada e quanti sacrifici sono stati fatti!

Dopo l'apertura del mio studio iniziai a dare lezioni di Fiscalità internazionale e di Trust proprio alla Bocconi: quella prestigiosa Università in cui in mi ero laureato soltanto 4 anni prima e di cui sognavo con mio padre a 15 anni.

Che soddisfazione! Avevo meno di 30 anni e già avevo uno studio tutto mio, scrivevo sulle riviste di settore più importanti, partecipavo alle Commissioni di Fiscalità internazionale più prestigiose d'Italia e in queste materie ero spesso relatore in convegni con anche 400 professionisti! Ho fatto persino diverse docenze all'Agenzia delle Entrate!

Stavo diventando un grande professionista… ma, ma e ma! Dopo qualche anno e tantissime peripezie (qui ci vorrebbe un altro libro per raccontare i grandi problemi familiari ed economici vissuti, tra cui fallimento di una società in cui partecipavo, pignoramento del conto corrente e sfratto di casa che credo comunque facciano parte della vita di ognuno di noi) **mi ritrovai a 42 anni…**

Il tempo era trascorso e nulla di quello che sognavo e che sembrava stesse per accadere si era avverato! Mi sentivo davvero deluso e frustrato. È vero ero bravo, competente, scrivevo sulle riviste, ero un relatore apprezzato ai convegni, ma **mancavano** assolutamente i **risultati economici** rispetto a tutto quello che producevo. Mi facevo sempre una domanda, forse la stessa che ti starai ponendo tu adesso:

"Ma con tutti i sacrifici che ho fatto in questi anni, perché i miei risultati economici sono così deludenti e molto al di sotto delle mie aspettative? Perché vedo tanti imprenditori raccogliere molto di più di quanto io abbia seminato, pur non avendo le mie stesse competenze?

Perché vedo tantissimi ragazzi, spesso giovanissimi, avere un tenore di vita nettamente superiore al mio e facendo meno sacrifici che ho fatto io?

Eppure, ero così bravo, competente, avevo titoli su titoli, master, pubblicazioni. Ero preciso, lavoravo instancabilmente, avevo fatto tutto quello che sembrava essere necessario per poter diventare un grande professionista. Non avevo risposte, avevo solo un forte senso di frustrazione!

A 42 anni sentivo all'improvviso di aver corso nella direzione sbagliata, pensavo di non potermi reinventare a questa età, troppi sacrifici fatti per buttare tutto a mare!

Ero arrabbiato con me stesso e con la vita, **sentivo di non aver ricevuto quanto meritavo. Ero frustrato**. Vedevo gli altri imprenditori aver realizzato quello che io avevo sempre sognato e mi arrabbiavo, soffrivo e temevo che non avrei avuto più tempo per raggiungere i loro stessi risultati pur pensando di meritarmeli.

Se hai superato i 30 anni e non stai ottenendo quello che senti di meritarti, posso assicurarti che sei in buona compagnia. Dietro l'apparenza da grandissimi professionisti di tanti colleghi che incontri ogni giorno, esiste tantissima frustrazione per i modesti risultati economici ben mascherati.

A breve ti parlerò di come, non in 24 ore, ma in un solo attimo, è cambiata la mia vita professionale e personale e di come anche la tua potrà cambiare nello stesso modo.

Ti descriverò di come in soli 2 anni e mezzo sono passato da un fatturato di 300.000€ all'anno a 10 milioni di euro di commesse e dall'essere passato da avere soltanto 7 persone, tra soci e collaboratori, a diventare una vera e propria azienda con oltre 100 persone tra dipendenti e collaboratori e svolgere la nostra attività in un attico del palazzo più prestigioso di piazza San Babila, nel cuore della città di Milano.

Ti racconterò anche di come sono salito su un palco degli Stati Uniti d'America per ritirare un premio per i migliori risultati raggiunti con il *funnel marketing* (lo strumento di *marketing* di cui ti parlerò dopo) entrando in un club esclusivo (unico italiano a oggi).

Questo premio è il prestigiosissimo "8 Figure – Two Comma Club X" di ClickFunnels di Russell Brunson, che è stato consegnato, a oggi, a soltanto 46 imprenditori in tutto il mondo su una community mondiale di oltre centomila persone…

Ti descriverò gli strumenti grazie ai quali sono stato invitato come speaker a un evento di oltre 600 imprenditori per testimoniare la mia trasformazione e ispirare altri imprenditori e di come sia diventato amico dei più importanti formatori d'Italia e di come oggi giro per l'Italia e la Spagna a ispirare altri professionisti, come te che stai leggendo questo libro, per iniziare il loro percorso di trasformazione.

Ti mostrerò tutto questo con una visione completa, ti condividerò la mia personale esperienza e il percorso che ho intrapreso, rivivendo e affrontando insieme a te anche i problemi che ho incontrato giorno per giorno. Ti semplificherò i concetti espressi con esempi pratici che ho applicato personalmente.

Ti parlerò di "Cambio di *Mindset*", di "Come creare delle Procedure", di "Strumenti per Scalare il *Business*", di "Esempi di *KPI* (*Key Performance Indicator*)", di "*Funnel Marketing*", di "Come delegare", di "Come sfruttare i *social network*", della "Regola dei 2 minuti" di "Gestione del tempo", dei "4 colori della personalità" e di come "Comprare il tempo": il tutto racchiuso nella **Formula W.I.A.C.** (*Why, Intention, Action, Commitment*).

Ripercorreremo insieme un viaggio di due anni e mezzo attraverso il quale ti mostrerò la mia trasformazione da semplice professionista a imprenditore.

In questi ultimi due anni e mezzo ho incontrato centinaia di professionisti in Italia, Spagna e Stati Uniti e, dopo essermi confrontato con loro, posso tranquillamente dirti che i problemi di ciascuno sono comuni a tutti: sono proprio gli stessi che avevo io e che sono riuscito a superare e che, molto probabilmente, stai vivendo anche tu adesso.

Condividerò esperienza accumulata grazie ai tanti corsi che in questi anni ho svolto: eventi dal vivo, *membership online* e coaching con **formatori italiani** come Roberto Re, Giacomo Bruno, Alfio Bardolla, Roberto Cerè, Gianluca lo Stimolo, Matteo Maserati, Golia Pezzulla, Michele Tampieri, Alessandro Bentivoglio, Maurizio Papa, Mirco Gasparotto e **internazionali** come Russell Brunson, Dean Graziosi, Garrett White, Peng Joon, Sam Ovens, Brendon Burchard, Dan Lok e il maestoso Anthony Robbins.

Tutti lontani mille miglia dal mio vecchio mondo e, probabilmente, anche dal tuo. Oggi, però, tutti fondamentali per la mia trasformazione e anche per la tua. Due anni e mezzo fa non conoscevo nessuno di questi incredibili personaggi, eppure oggi ho stretto la mano e mi sono confrontato con ciascuno di loro.

Reggiti forte, prenditi il tuo tempo, isolati, metti un po' di musica ed entra in focus mentre leggi.

La tua vita sta per cambiare, quel treno che stavi aspettando sta per passare. Ora tocca solo a te andarti a prendere quello che meriti e che ti sta solo aspettando.

Buona lettura e preparati alla tua trasformazione "Da Professionista a Imprenditore" e, quindi, alla tua realizzazione economica e personale!

Per ora ti lascio subito il link www.carlocarmine.it/dpai/risorse cui accedere per scaricare tantissimo materiale che sto preparando per te e che sarà supporto al tuo percorso di trasformazione "Da Professionista a Imprenditore". All'interno della pagina troverai video, pdf e altro materiale scaricabile.

Ti consiglio, inoltre, di iscriverti al gruppo *Facebook* chiuso ed esclusivo "Da Professionista a Imprenditore" al link www.carlocarmine.it/gruppofb, nel quale avrai la possibilità di incontrare e confrontarti con altri professionisti, come te, che hanno avviato il proprio percorso di trasformazione.

Capitolo 1:
Come cambiare i tuoi paradigmi

Prima di iniziare, credo sia giusto farti un preambolo molto concreto, così da rispecchiare l'intero contenuto del libro. Tutti i punti che tratterò sono importanti ma ricorda che rappresentano pezzi di un puzzle molto più grande.

Nessuna attività, di per sé, è singolarmente sufficiente a farti scalare il *business* o a farti trasformare **"Da Professionista a Imprenditore"**. Sono troppi, anche oggi, i professionisti che pensano che basti prendere un solo pezzetto del puzzle per raggiungere l'obiettivo.

Non confondere mai, infatti, l'attività di *marketing* di ogni professionista o formatore il quale ti dirà spesso che *"grazie a… quello che loro fanno o vendono"* otterrai risultati straordinari. Hanno ragione solo se ne capisci il senso, se li ascolti bene tra le righe e se guardi cosa e come fanno loro.

Ci sarà sempre bisogno di tanto altro ma se non hai vent'anni, e magari hai qualche anno in più, potrai ben capire che non basta dire "ho speso 10.000€ e non ho ottenuto risultati".

Scrivere un libro non mi è servito e non funziona; il *funnel* non funziona; tanti corsi e pochi risultati.

Vuoi avere successo? Vuoi **diventare imprenditore**? Allora inizia col non parlare da "Professionista". Se vuoi fatturare 100.000€ o 1 milione di euro in più, credi davvero che basti "spendere" 10.000€? Dovrai lavorare molto di più di adesso e in modo più focalizzato. Dovrai **investire** nel modo e nel tempo giusto, decine e decine di migliaia di euro.

Se sei un professionista, "spendi" 10.000€ e ti *potrebbero* rientrare in 12 mesi 12.000€.

Ringrazia. Ci hai guadagnato e sei cresciuto e, quelle conoscenze e competenze che hai acquisito, non te le toglierà più nessuno. Se vuoi essere un imprenditore, investi 100.000€ e ti *potrebbero* rientrare 500.000€. Ma non pensare minimamente che investi

10.000€ e ti possono rientrare 500.000€. Nessuno ti regalerà nulla e toccherà a te **metterti in gioco** e andarti a prendere **quello che ti meriti**, con intenzione, azione, e costanza. Il tutto **supportato** da un **fortissimo "perché"**.

Adesso siamo pronti a iniziare la tua trasformazione "Da Professionista a Imprenditore". Musica soft, focus e si parte: da adesso inizia il tuo momento!

* * * * * * *

Era un giorno come gli altri, stavo camminando, andavo a un appuntamento. Squillò il telefono e vidi l'immagine di mia moglie, Alina Quintana. Le risposi, come sempre, contento di sentirla ma percepii nella sua voce un po' di eccitazione mista a timore. Non ne comprendevo il motivo e attesi che mi parlasse.

Mi disse che aveva appena comprato due biglietti per un corso della durata di tre giorni allo *Sheraton* di Milano Malpensa in cui i relatori ci avrebbero insegnato a scrivere un libro.

In quel momento pensai solo a una cosa: "**Condividere**" (parola potentissima di cui parleremo dopo) con la mia dolce metà un pezzo di strada; accompagnarla e farla sentire libera di inseguire e cercare quello che le piaceva.

Le risposi subito di sì, pensando però tra me e me: "Mah, sarà un corso dove ti insegneranno a scrivere romanzi e mi venne in mente non so perché la serie di romanzi Harmony!".

Da quando conobbi mia moglie Alina, all'età di 41 anni, mi ripromisi che **sarei stato molto curioso** anche e specialmente degli argomenti lontani da me stesso e dalla mia attività professionale. Le promisi che l'avrei accompagnata ovunque, anche a un corso di cucito se ne avesse avuto piacere!

Anche se, conoscendola bene, scoprii che al corso di cucito era più semplice che la portassi io! Come ti dicevo, da un lato volevo si sentisse libera e dall'altro anche io stesso, durante il nostro percorso insieme, avrei voluto sentirmi libero di inseguire i miei interessi, seppur fondamentalmente lontani dal suo essere.

"Curiosità": questa è la prima parola magica che è entrata a far parte di me. A breve capirai come questo modo di essere e di guardare al mondo potrà impattare sul tuo *business* e sulla tua *trasformazione* in un modo che neanche immagini.

Mentre chiudevo la telefonata con Alina, mi dissi che sicuro avrei potuto imparare qualcosa, ma mai e poi mai avrei potuto immaginare quello che sto per raccontarti.

Ogni momento, esperienza, errore, emozione e sensazione vissuti nella mia vita e, in particolar modo quelli degli ultimi due anni e mezzo, sono sempre legati a questo mio percorso di trasformazione e a un modo di intendere l'**Imprenditore** molto **diverso** dall'essere un **Professionista**.

Passò qualche giorno di vita ordinaria, finché arrivò il primo dei tre giorni del corso: era venerdì 6 ottobre. Il giorno prima, giovedì 5 ottobre 2017, è stato l'ultimo della mia precedente vita professionale. La fine…

Posso dirti che anche questa non è stata una data casuale. Le date mi hanno da sempre accompagnato con un impatto molto importante nella mia vita e per questo motivo tendo spesso a dar loro dei significati molto forti.

Beh, cosa dire, il **5 ottobre del 2013** mi aveva lasciato **mio padre** e quel giorno mi promisi che **ogni anno** per **festeggiarlo** avrei fatto qualcosa di nuovo nella mia vita, questa volta sarebbe stato il contrario anche se ancora non lo sapevo. **Quel 5 ottobre 2017** sarebbe stato il mio ultimo giorno da professionista. E ad ogni fine corrisponde un inizio e qualcosa di nuovo.

Il venerdì mattina, primo giorno del corso, ero contento di accompagnare Alina, ma sentivo, come ogni professionista che si rispetti, di essere al contempo preso da tanti impegni, impegni per cosa? Se, in verità, i risultati per i sacrifici fatti erano così modesti?

Prendemmo la macchina per arrivare a Malpensa e per la prima volta partecipavo a un corso in questo mondo della formazione per me totalmente nuovo.
Me ne avevano parlato sempre male, mi dicevano che erano tutti corsi inutili e validi solo per esaltati e per esaltarti.

Ero molto convinto di me stesso, avevo 42 anni, **ero un grande professionista** nel pieno della sua maturità, molto apprezzato tra i miei colleghi, ma in verità nel mio profondo **mi sentivo molto frustrato**. Ci diedero i *badge* per entrare e vidi negli occhi di Alina tanta felicità.

Me la trasmise, ma avevo i miei dubbi ben saldi. Ci avvicinammo alla porta d'ingresso di una mega sala per eventi e ricordo, come fosse ora, il mio gesto di aprire la porta per fare strada ad Alina.

Spinsi quella **maniglia:** fu un attimo, un secondo, una sensazione da togliere il fiato, di estrema chiarezza nella mia mente. Rimasi come bloccato. Sentivo il tempo scorrere al rallentatore. C'era una musica bellissima e capace di trasmettere una enorme e tremendamente bella **energia**.

Ma la cosa che mi colpì di più fu vedere a un evento del genere centinaia di persone in sala, poi seppi che erano 816! In quel preciso istante, non in 24 ore come promesso nel libro, scattò dentro di me qualcosa di fortissimo e nuovo. Il **primo pensiero** che ricordo fu **"io faccio fatica a trovare un cliente e qui sono riusciti**

ad avere 816 persone in sala solo per imparare a scrivere un libro… e hanno pure pagato per essere presenti!”.

Alla prima pausa condivisi con molta rabbia questo pensiero con Simone Forte, mio amico e socio… dicendogli: “Simone, non abbiamo capito nulla!” (e qui resto educato!).

Il **secondo pensiero** che mi balzò nella mente con il cuore che batteva a mille fu “**Carlo da questo momento si riparte da zero, sei come un bambino di 5 anni, ma con la fortuna di avere l'esperienza di un 42enne. Stai zitto, ascolta, non farti domande, sii umile, impara, esegui e copia** (qui ci sono il mio pragmatismo e la napoletanità)!”.

Per un professionista “affermato” come me, **mettere da parte sé stessi** è la cosa più difficile. Noi professionisti siamo pieni di “noi stessi”. Ci hanno sempre insegnato e fatto credere che l'essere bravi, competenti, aver studiato, il far parte di qualche commissione, l'aver conseguito qualche master, magari aver scritto qualche articolo tecnico o aver partecipato come relatore a qualche convegno con altri professionisti, fosse la cosa più importante e in grado di qualificarci gli occhi del cliente.

Hai presente quando entri da un professionista e dietro di lui trovi tante targhe o cornici con le lauree e corsi fatti? Bene, tutto questo è in netta contrapposizione con la realtà e stride davanti ai risultati ottenuti.

Per i **professionisti**, esattamente come era per me, l'**Io è tutto**. I clienti dovrebbero venire da noi perché **Noi sappiamo**, **Noi conosciamo**, **Noi siamo**.

Curiosità e Umiltà

In quell'attimo ho azzerato me stesso dicendomi che avrei imparato tutto daccapo e avrei fatto miei tutti gli insegnamenti dei relatori che si sarebbero succeduti.

Entrò sul palco **Giacomo Bruno**, il creatore del corso che stavamo per seguire, nonché editore digitale, soprannominato dalla stampa! Il *Papà degli e-book* e inventore del *Marketing Formativo*; anche se lontanissimo da noi perché avevamo dei posti nelle ultime file, sembrava un gigante!

Osservavo, **cercavo** di **capire e carpire**. Era tutto nuovo per me e tutto molto strano. Non era il mio mondo, ma percepivo che mi trovavo nel posto giusto per dare una svolta alla mia vita.

Ascoltai le prime parole sul *marketing* applicato ai professionisti e si aprì un mondo nel quale sarei entrato per fare la differenza.

Quello che ti chiedo adesso è di provare a fermare il tuo tempo e sentirti in quella sala con me. Ascoltami e portati a casa tutto quello che cercherò di trasferirti. Questo libro è per te, per la tua trasformazione "Da Professionista a Imprenditore".

Rivaluta ogni tua conoscenza pregressa, ogni tua convinzione e ogni filtro che possa mettersi tra te e il tuo percorso di trasformazione. Sii **curioso, umile**. Fa' in modo di raccogliere tutti i consigli ed esempi che la mia esperienza di trasformazione potrà darti.

Dall'io al Cliente, dall'essere il valore a dare valore

Il primo cambio di paradigma che compresi fu proprio il passaggio dal togliere dal centro il "proprio io" e **concentrarsi sul cliente,** dall'essere il valore al **dare valore**. Lo sapevi che i tuoi clienti non sono per nulla interessati a te? Scommetto che qui crolla il tuo l'edonismo.

Ai clienti, infatti, non importa dove hai studiato, quali titoli hai conseguito, a quale prestigiosa commissione collabori o che interessantissimi articoli tecnici hai scritto. Ai tuoi potenziali clienti interessa solo ed esclusivamente **cosa puoi fare per loro**. So che può sembrare scontato, ma non lo è! Normalmente parli per lui o parli per te?

Parli in modo semplice o ti parli addosso? Parli o ascolti? Sai quali sono le sue esigenze, le sue paure, le sue aspettative intime e razionali o conosci solo le soluzioni tecniche?

Durante il corso spiegarono proprio come scrivere un libro per essere veramente utili e dare valore a un cliente. Spiegarono anche come un libro, grazie all'utilizzo del *funnel marketing* (parola che non conoscevo ma ne riparleremo a breve) e dei *social network* potesse farti scoprire e conoscere da tantissimi potenziali clienti (scoprirai più avanti chi sono e come individuarli).

Tuttavia voglio già anticiparti che quello di cui stiamo parlando è solo un pezzo del puzzle della mia trasformazione "Da Professionista a Imprenditore". Una cosa che capii è che se vuoi **scrivere un libro** che sia utile e apprezzato dai tuoi potenziali clienti, devi inserire e **trasferire al suo interno tutto quello che sai**, senza tralasciare nulla, compresi "i trucchi del mestiere".

Sono sicuro che ti starai chiedendo: "Ma se scrivo tutto quello che so e trasferisco tutto quello che ho imparato durante la mia esperienza professionale, perché mai un cliente con tutte le informazioni ricevute gratuitamente dovrebbe venire da me?".

Starai pensando: "Sono un **commercialista**, un **avvocato**, un **medico**, un **coach**, uno **psicologo**, un **architetto**, un **professionista**, un **consulente** e ci ho messo anni e anni per imparare tutto quello che so. Sono **geloso del mio sapere, certo non lo scriverò in un libro**". Ecco il primo errore da non fare, lo compresi in quel momento.

Decisi che avrei scritto un libro inserendo tutte le conoscenze ed esperienze acquisite, con enorme fatica, in tanti anni di lavoro.

Quando lo proposi ai miei soci, mi risposero la stessa cosa che stai pensando tu e che avrei risposto io prima di aver seguito il corso: "Ma perché i clienti dovrebbero venire da noi? Dobbiamo scrivere proprio tutto?". La mia risposta fu: "Dobbiamo scrivere tutto e non tralasciare nulla, anche quello che potrebbero copiare i competitor".

Visti i risultati che ho personalmente raggiunto e anche leggendo i libri che hanno avuto successo, ti posso confermare che è proprio come ti ho detto. Parlare ai clienti, in modo che sia anche per te utile e profittevole, vuol dire capirli e dar loro soluzioni utili a raggiungere i loro risultati.

Parla sempre **in modo semplice**. Pensaci! Se scrivi un libro, fai un video sui *social network* o un post dove spieghi ai potenziali clienti come risolvere i loro problemi dando soluzioni con tutti i segreti per ottenere il risultato sperato, il potenziale cliente inizierà a comprendere che sei la persona giusta.

Gli stai dando valore, proprio quello che lui cercava. Poi, grazie al *marketing*, bisogna fare in modo che il tuo messaggio pieno di valore e **senza gelosie del sapere** possa raggiungere più persone possibili, ovviamente *in target* (ma ne parleremo dopo).

Perché, come ho imparato dal marketing, **parlare a tutti vuol dire parlare a nessuno**. Dovrai trovare la tua **nicchia di mercato** e affrontare i suoi problemi evidenziando le giuste soluzioni.

Se in questo momento andassi sulla tua pagina web o della tua società cosa vedrei e cosa leggerei? Molto probabilmente troverei soltanto comunicazioni ultra-generaliste. Magari ci saranno titoli accademici, professionali, competenze tecniche. Ti sei mai chiesto cosa stai comunicando in questo modo? Poco, molto poco e nulla di valore per il potenziale cliente.

Noi, ad esempio, eravamo professionisti e avvocati esperti in contenzioso tributario! Comunicavamo come la stragrande maggioranza dei professionisti. Dal corso in avanti abbiamo iniziato a comprendere come parlare in modo diverso, utile ed efficace, ai nostri potenziali clienti; abbiamo cominciato a dare veramente valore partendo dal libro che decidemmo di intitolare **"Liberati da Equitalia in 7+1 mosse, anche se non sai da dove**

iniziare". Lì inserimmo tutto quello che sapevamo, senza alcuna riserva.

Prima di approfondire questi aspetti tecnici voglio farti comprendere come, senza un **cambio** di **mentalità** e di **mindset**, la tua trasformazione da professionista a imprenditore non potrà avvenire. Sono certo che quello che ti dirò potrà sembrarti di conoscerlo già, ma come potrai immaginare, se sei qui e stai leggendo questo libro è perché riconosci in me alcuni risultati che vuoi raggiungere anche tu.

Per questo ti ripeto: "fai come facevo io" che assorbivo ogni spunto, indicazione, consiglio e suggerimento delle persone che ascoltavo e seguivo.

Ero come una spugna. Durante il primo giorno del corso di Giacomo Bruno prendevo tantissimi appunti per il mio *business*. A metà giornata, lo ricordo benissimo, dissi due cose ad Alina.

La prima che ero felice di tutte le informazioni che stavamo ricevendo e che ci sarebbero stati ancora due giorni di corso, e la seconda che non vedevo l'ora che finisse la prima giornata di corso per andare in ufficio e mettere in atto tutto quello che stavo apprendendo. Ero sempre più determinato e sicuro che mi sarei andato a prendere quello che meritavo e volevo.

Avevo tutte le capacità per raggiungere i risultati che sognavo, come sicuramente le hai anche tu in questo momento, quello che mi era sempre mancato erano gli **"strumenti"** e la **visione d'insieme**, per poterle finalmente dimostrare. Avevo il **fuoco dentro** quella voglia di agire e realizzare che chiamo **"Intenzione"**.

Sul palco si alternarono alcuni ospiti che fino ad allora non avevo mai sentito prima. Tra questi c'erano Roberto Re e Alfio Bardolla che poi ho scoperto essere dei veri numeri ognuno nei propri settori di competenza. Descrissero la storia di un imprenditore che aveva raggiunto un milione di euro di fatturato "vendendo" *online* i ricorsi contro le multe stradali.

Quella storia di successo fu per me davvero una mazzata, quasi un'umiliazione. Noi, che ci consideravamo dei grandi professionisti, proprio nel campo dei ricorsi contro l'Agenzia delle

Entrate Riscossione per problematiche molto più complesse e importanti per i clienti, anche con riferimento all'importo del debito rispetto alle multe stradali, fatturavamo meno di un terzo!

Che **rabbia**! Che **frustrazione**! Sono certo che anche tu hai davanti ai tuoi occhi qualche competitor o collega che ottiene molti più risultati di te. Deve essere **benzina** per te! Spera che ci sia sempre! Non essere mai geloso dei risultati altrui ma sentiti sempre spronato a superarli.

Osservali, cerca di capire come hanno ottenuto quei risultati e fatti stimolare. Ricordo ancora il fuoco e la "rabbia" con cui mi girai verso Alina e le dissi: **"l'anno prossimo su quel palco voglio esserci io!"**.

Furono tre giorni incredibili, appresi moltissime nozioni ma la cosa più importante è che compresi che a **42 anni** dovevo solo **scoprire** e **utilizzare** gli **strumenti giusti**, diversi dalle mie competenze professionali, mettere insieme i **pezzi** del **puzzle** e avere una **visione** e un **quadro chiaro** del **percorso** di trasformazione "Da Professionista a Imprenditore".

Visualizza come un Campione dello Sport
Durante i tre giorni di corso ci fecero fare un esercizio bellissimo che mai avevo fatto prima. Misero della musica rilassante, ci fecero chiudere gli occhi e dal palco ci guidarono in un esercizio di **Visualizzazione**.

Ci fecero visualizzare il momento in cui, a distanza di qualche mese, avremmo avuto tra le mani il nostro **libro** divenuto *Bestseller* in formato cartaceo e digitale in vendita su *Amazon*, di come lo avremmo utilizzato come biglietto da visita con i potenziali clienti, dello stato d'animo che avremmo sentito in quell'istante; da quel momento lontano di qualche mese ripercorremmo il percorso inverso, fino a ritrovarci seduti nuovamente in quella sala.

Ti sto parlando di questo esercizio della visualizzazione perché è uno strumento potentissimo e che da quel momento fa parte della mia "cassetta degli attrezzi".

Vivi le cose come se le avessi già realizzate, vivi quelle emozioni e sentile tue! La "visualizzazione" è un esercizio che tantissimi Campioni dello Sport praticano, specialmente prima delle grandi sfide che devono affrontare. È dimostrato che la mente non riesce a distinguere quello che è davvero accaduto rispetto a quello che visualizziamo o semplicemente sogniamo di notte.

Per questo motivo l'esercizio della visualizzazione, se ben fatto, è davvero uno strumento potente e ci permette di influenzare positivamente la nostra mente.

Oggi è il secondo giorno di scrittura di questo libro. Due giorni fa ero in piscina con Alina e stavamo parlando di come far rendere al massimo questa estate strana, diversa dalle altre per colpa del **Covid-19**. Eravamo in piscina all'*Hotel Arts di Barcellona* e con gli occhi rivolti verso il cielo, guardando tra le palme la parte alta dell'hotel, con una musica molto motivante abbiamo iniziato a visualizzare il momento della pubblicazione di questo libro, il momento in cui lo avrei utilizzato sul palco durante uno dei miei speech in giro per il mondo per ispirare altri professionisti.

Da lì continuammo con la visualizzazione ripercorrendo il percorso inverso e "vivendo" i giorni trascorsi a scrivere, le sveglie all'alba (per la precisione alle 05.30) e le correzioni che avrei apportato con il mio amico e socio Simone Forte (ed eccomi qui a farle!).

Dalla "visualizzazione" al semplice ripercorrere un percorso già fatto è tutto molto più semplice. In quei giorni mi sentivo un po' stanco ma avevo voglia di realizzare qualcosa di importante, nonostante il momento fosse davvero difficile; ero (ovviamente) preso e preoccupato come tutti a comprendere come governare questo periodo e **trasformare il problema "Covid-19" in un'opportunità** per me e per la mia azienda.

Quell'esercizio di visualizzazione mi restituì la calma e contemporaneamente la forza di reagire a quelle sensazioni negative che stavo provando. Ho visto il libro terminato, pubblicato in più lingue, venduto, apprezzato e utile a tantissimi professionisti. Così il giorno dopo, martedì 11 agosto alle 5.30, ho iniziato a scrivere. O meglio a rifare qualcosa che già avevo visto nella mia mente.

La visualizzazione è un esercizio utilissimo perché rende tutto più semplice, lo hai già fatto, ci sei riuscito, devi solo ripercorrere all'indietro una strada che hai già percorso, ben diverso dalla sensazione di insicurezza nel percorrere una strada per la prima volta.

Le tensioni e i timori svaniscono, è come rivedere un film già visto che ti porterà lontano, laddove tu avevi deciso di essere. **Provaci ora stesso!**

Metti una musica che ti piace, che dovrà essere sempre la stessa ogni volta che effettuerai l'esercizio di visualizzazione, in modo da ancorare queste sensazioni a quelle canzoni. Isolati. Inizia a vederti tra un anno: contento, felice, soddisfatto per i grandi risultati realizzati. Goditi il momento. Visualizza le persone che incontrerai, il "come" ti vedranno, come sarai vestito, come ti rapporterai con loro.

Osservati mentre sei con i tuoi nuovi clienti, nel tuo ufficio o, meglio ancora, nella tua azienda con tanti collaboratori ai quali hai delegato tantissime attività che prima svolgevi tu e ti facevano sentire sempre occupato.

Vivi quei momenti e quelle sensazioni perché **se le puoi**

immaginare le puoi realizzare… Ora, lentamente, torna indietro nel tempo. Torna a oggi e ripercorri il tutto al contrario, realizzando quello che hai fatto per essere riuscito ad arrivare fin lì; sono certo che sentirai meno ansia nel vedere quel percorso davanti a te per ottenere quei risultati, perché la tua mente li ha già vissuti e conosce la strada per arrivarci.

Ripeti questo esercizio spesso. Credimi, tutto quello che ti dico l'ho sperimentato e lo pratico ogni volta che ne sento il bisogno, non è pura teoria! L'esercizio della visualizzazione è uno strumento potentissimo.

In quella prima giornata di corso a Milano misi a fuoco tanti concetti e iniziai a comprendere come, fino a quel momento, i passi da me seguiti verso la realizzazione del mio sogno di diventare un professionista affermato ed economicamente di successo erano stati tutti corretti.

Quello che mancava era una visione d'insieme e i giusti **strumenti** personali e di *business* che **ogni imprenditore deve possedere** per ottenere e andarsi a prendere quello che merita. Fu proprio quel giorno che nacque l'idea di questo libro, fu allora che dentro di me esplose la consapevolezza delle differenze che dividono il professionista, quale ero io, e l'imprenditore che volevo diventare.

Sapevo già che questo sarebbe stato il mio terzo libro. Prima mi sarei concentrato sul trasformarmi in un imprenditore grazie anche ai primi due libri che avrei scritto.

Avrei raccontato ad altri professionisti quello che stavo scoprendo (!), ma prima dovevo pensare a crescere con il mio *business*, diventare io stesso un imprenditore, fare esperienza, commettere errori, tentare di risolverli e poi ispirare altri professionisti che, con il tempo, ho compreso essere accomunati dagli stessi pensieri, dalle stesse paure e dagli stessi blocchi che avevo io in quei giorni.

La Frustrazione come miccia

Perché non ho tanti clienti? Perché i clienti non apprezzano fino in fondo quanto valgo? Perché mi pagano così poco e male? Perché gli altri ottengono di più? Perché lavoro così tanto e con tanto impegno ma non ottengo quello che merito? Perché ho la sensazione di essere sempre preso e di non avere mai tempo?

Lo Specchio del Professionista

Nacque dentro di me un'immagine di cui ho parlato spesso durante i miei interventi sui vari palchi in Italia e Spagna: lo Specchio! Il professionista si guarda spesso allo specchio e si loda da solo. Si dice: "Come sono bravo!".

A volte "usa" il cliente non per dargli valore ma per "specchiarsi" e "ascoltarsi"; d'altronde, anni e anni di studi e preparazione meritano qualcuno che lo possa applaudire e spesso quella persona è sé stesso per il tramite del cliente!

Compresi con chiarezza cosa significa normalmente **comunicare per i professionisti**. Pensaci. Crediamo che dare e promuovere un **"servizio su misura"** o *"tailor made"* sia un'arma vincente per acquisire clienti. Questo è sicuramente vero se vuoi seguire 10 clienti, ma non certo se il tuo desiderio è scalare il tuo *business* e trasformarti "Da Professionista a Imprenditore".

Come sarebbe possibile seguire 1.000 clienti su misura? Per farlo e quindi per scalare il tuo *business* e trasformarti in un **imprenditore** dovresti cominciare a pensare, apprendere e

comunicare ai clienti i **processi**, le **procedure**, il **metodo**, la **delega** e uno **standard** di prodotto o servizio.

Ma le frasi pronunciate più spesso dai professionisti sono: "come lo faccio io non lo fa nessuno" o "ci metto più a spiegarlo che a farlo" o per ultima "i clienti vogliono solo me". E in queste tre frasi c'è il tappo, il blocco verso la trasformazione.

I professionisti sono troppo rivolti a sé stessi o, peggio ancora, sono troppo pieni di sé. Sono certo che qualcuna di queste frasi (o magari tutte e tre) fanno parte delle tue convinzioni personali, eppure queste frasi sono i veri blocchi limitanti verso la tua trasformazione in imprenditore e verso il porre le basi alla scalabilità del tuo *business*.

Da "Io" a "Tu"

Questo cambio di paradigma è stato davvero forte e importante per la mia trasformazione.

Iniziare a pensare in modo diverso, **"da come lo faccio 'Io'"** a **"come aiuto 'Te'"**, pensare non più alla soluzione tecnica del problema ma a "risolvere il vero problema/esigenza" del cliente.

Ti faccio un esempio per essere più chiaro. Durante il corso a Milano, maturai immediatamente la decisione di comprare il percorso successivo dell'Accademia in cui mi avrebbero insegnato e assistito a scrivere il mio primo libro.

Compresi però, ancora prima di iniziare l'Accademia, che nel mio libro non mi sarei dovuto concentrare sulle soluzioni tecniche, che insieme ai miei soci avevamo acquisito in tantissimi anni, utili magari ad altri professionisti di settore, ma avrei dovuto comprendere le reali **esigenze** personali e imprenditoriali **del potenziale cliente** (che non sarebbe stato per me un altro professionista di settore).

Questo concetto, che divenne subito chiaro a me stesso, è lontano anni luce da quello che i professionisti credono.

Ricordati che i **clienti** quasi mai sono **attratti** dalla soluzione tecnica da noi prospettata, ma sempre più spesso, invece, sono interessati a una **trasformazione** di un loro **stato d'animo** rispetto al "problema" che vivono.

Nell'ambito della mia attività professionale avevo sempre creduto che il cliente potesse essere interessato solo ed esclusivamente ad annullare il proprio debito esistente con l'Agenzia delle Entrate Riscossione (la Ex Equitalia). In realtà, con il mio cambio di paradigma dall'io (competenza e soluzione tecnica") al "tu" (esigenza intima e imprenditoriale del cliente) compresi che l'annullamento del debito con Agenzia Entrate Riscossione era solo un mezzo attraverso cui l'imprenditore (il potenziale cliente), voleva riacquistare la propria serenità familiare e imprenditoriale.

Nel contempo, un altro suo intento era far ripartire la propria azienda in difficoltà o addirittura non chiuderla, non essere obbligato a licenziare i propri dipendenti; non perdere la propria dignità in azienda e ancora più in famiglia e, non per ultimo, non sentirsi un fallito.

Il cliente vuole la soluzione di un suo problema ma è poco interessato alla modalità tecnica. Gli interessa il risultato.

Come vedi, quello che conta non è quello che sappiamo fare, se abbiamo conseguito dei master o altri titoli qualificanti, ma solo riuscire a comprendere i nostri potenziali clienti ed essere utili a fargli ottenere quello che, nel loro intimo, desiderano realmente.

I desideri dei clienti si dividono in due categorie: la fuga da un dolore o la spinta verso un piacere. Troppo spesso, invece, i professionisti sono concentrati sui tecnicismi, che si danno conosciuti per scontato, e molto meno sono focalizzati sulle vere esigenze dei clienti. Era lo stesso errore che commettevamo io e i miei soci!

Gelosia del sapere – Dare Valore

Di questo ne abbiamo già parlato prima ma è importante capire che i clienti scelgono le persone che risolvono il "loro" problema e, per questo, è fondamentale dare sempre valore e non risparmiarsi. Pensaci anche tu.

Se vedi la pubblicità di un professionista che si vanta delle proprie conoscenze (siamo i migliori… siamo i leader) e poi quella di un altro professionista che ti spiega esattamente come risolvere il tuo problema, a chi ti rivolgi?

Le giornate del corso furono davvero intense e, come ti dicevo, feci di tutto per **eliminare** ogni mia **credenza**, gli **ancoraggi** e le mie **convinzioni**. Sentivo da parte di tanti professionisti in sala queste frasi non condividendo quello che i relatori stavano affermando e asserendo "so io come funziona!"; "I miei clienti sono diversi e non ragionano in questo modo, la pensano diversamente"; "Nel mio settore queste cose non funzionano quindi non ne vedo l'utilità".

Vuoi che ti traduca queste frasi? Nel tempo il senso delle stesse mi è diventato sempre più chiaro. **Paura!**

La paura è il più grande e reale blocco di ogni professionista verso la sua trasformazione in imprenditore, ma ne parleremo a breve.

Vedo ogni giorno, così come capitò in quel corso, troppi professionisti che "credono" di sapere e di poter dire la propria, giudicando, con estrema superficialità anche argomenti che non padroneggiano solo perché hanno studiato altre materie per anni e sono pieni di sé. Il percorso di trasformazione "Da Professionista a Imprenditore" richiede una curiosità incredibile.

Usa la tua esperienza di vita e professionale per "accelerare" l'acquisizione di nuova conoscenza e non per rallentarla o peggio ancora per fermarla.

Durante quei tre giorni di corso sentii molti professionisti che erano in sala lamentarsi o affermare con superficialità che i concetti espressi dal palco erano di poca utilità per i loro *business*, sapevano loro cosa avrebbe funzionato o meno per scalare un *business*. "Allora perché erano lì?", mi chiedevo.

Sono certo che a distanza di 2 anni e mezzo sono ancora seduti sulla stessa sedia a lamentarsi di tutto e avere tutte le soluzioni per incrementare il loro *business*.

Come spesso dico ad altri professionisti, se una persona decide di pagare e frequentare un corso (o una sessione di coaching o di mentoring) è perché probabilmente ritiene quel formatore, coach o **mentore** molto valido.

Se questo è vero, allora devi **seguirlo** ed **eseguire i suoi consigli** come se fossi un bambino, interiorizzando e facendo tue quante più nozioni e indicazioni possibili, sfruttando anche gli errori già commessi da chi ti sta parlando.

Arriverà sicuramente il momento in cui potrai diventare più critico nell'analisi di ciò che ti viene detto di eseguire, ma questo avverrà solo con il tempo e quando la tua esperienza aumenterà. Anche se a volte quello che ascolti non ti convince, mettilo lo stesso in pratica passivamente.

Dietro ogni consiglio o indicazione di quel formatore, coach o mentore, c'è tantissimo studio ed esperienza acquisita; credimi, i migliori sanno sempre cosa stanno facendo ed è per questo che dovrai **rivolgerti ai Numeri 1**.

Finiti i tre giorni di corso, sia io che Alina avevamo le idee chiare sul perché sarebbe stato importante scrivere un libro per la nostra trasformazione da professionisti a imprenditori e per il futuro dei nostri *business*.

I soldi comprano tempo

Il percorso per scrivere un libro e diventare autori *"Best Seller"* su *Amazon* costava 10.000€! Qualche settimana prima Alina mi raccontava di come, proprio con quella cifra risparmiata con sacrificio negli ultimi anni, avrebbe voluto comprare una casa a Cuba. Lei, infatti, è di nazionalità cubana. Puoi immaginare quanto forte potesse essere per lei questo desiderio.

Non aver mai avuto e posseduto nulla di materiale nella propria vita e poter in quel momento finalmente permettersi di comprare una casa nella sua terra natia sarebbe stato impagabile.

Quando ci dissero il prezzo del corso Alina iniziò a vivere un'emozione fortissima, quasi piangeva.

Era consapevole che si trovava davanti a un bivio, il corso o la casa. Con quel libro avrebbe potuto non solo inseguire un sogno ma anche riprendere finalmente la sua passione e professione: la danza classica, abbandonata per qualche anno in favore dei balli latinoamericani.

Purtroppo, date le sue origini caraibiche nelle scuole dove lavorava la preferivano in classi di salsa e non per insegnare la danza classica, in cui si era formata per anni e per cui aveva ottenuto anche il diploma di insegnante.

Mi guardò con le lacrime agli occhi dicendomi che avrebbe usato tutti i suoi risparmi per comprare il corso e scrivere il libro. A questo punto le chiesi con forza: "Ne sei sicura? Sono tutti i soldi che hai! Non potrai comprare più la casa dei tuoi sogni! Dovrai ripartire da zero e non ci saranno certezze di poter recuperare questi soldi investiti!".

Lo feci con forza perché volevo che per lei fosse una **scelta consapevole**. Dopo qualche momento di silenzio mi guardò e mi rispose: "Sì, ne sono certa! Con questo libro, di case me ne comprerò 10!".

E così fece… Comprò il percorso dell'Accademia "Numero 1" di Giacomo Bruno e scrisse il suo libro che dopo gli enormi sacrifici fatti, sia economici che personali, nel tempo le ha permesso di creare un metodo, oggi primo e unico al mondo, per permettere a donne sopra i 40 anni, che non hanno mai danzato prima, di praticare la danza classica.

Il Metodo si chiama "Danza Classica No Under 40" insegnato ormai sia in sale fisiche che *online*, sia in italiano e sia in spagnolo.

Grazie a quell'investimento, Alina ha acquisito tantissimi strumenti che normalmente non appartengono ai professionisti, ma che le hanno permesso di ottenere dei risultati importanti e scalare il suo *business* in pochissimo tempo.

Se vuoi dei risultati importanti nella tua vita non devi "essere pronto" a pagarne il prezzo… lo devi pagare!

Dopo i tre giorni di corso con Giacomo Bruno parlai immediatamente con i miei soci e gli dissi che dovevamo **buttare il cuore oltre l'ostacolo**.

Ma la mia voglia di ottenere risultati importanti andava oltre e così decisi di comprare non solo il percorso per l'Accademia Numero 1, ma comprammo per altri 10.000€ la possibilità di andare con Giacomo Bruno negli Stati Uniti di America a un evento live di

Russell Brunson, fondatore di "**ClickFunnels**" (una scelta che appena due anni dopo mi ha portato a ricevere un premio per aver raggiunto 10 milioni di dollari di fatturato grazie proprio allo strumento del *funnel* di cui sentii parlare per la prima volta in quei giorni), il Funnel Hacking Live.

Capii che dovevo fare un salto e iniziare a frequentare da vicino altri imprenditori e persone che ragionavano in modo diverso da quello che ruotava intorno alla mia figura di professionista.

Sei la media delle 5 persone che frequenti

Sempre in quei giorni di corso ascoltai più volte la frase "**sei la media delle 5 persone che frequenti**". E così decisi di metterla in pratica nella mia vita e frequentare imprenditori di livello internazionale durante il mio viaggio negli Usa.

Le persone che frequentiamo devono essere persone che vibrano in senso positivo, che vogliono crescere, che vogliono condividere le proprie esperienze e non sono gelose delle proprie conoscenze, che si spronano a vicenda, che vogliono sempre migliorarsi, da cui si può imparare, che hanno ambizione e con cui si possono condividere percorsi di miglioramento personale.

Avevo 42 anni, ero frustrato e non avevo più tempo da perdere. Compresi con chiarezza che specialmente nel business "**I soldi comprano tempo**".

La domanda che tutti i professionisti si pongono è "*quanto devo spendere?*", "*quanto costa?*". Ma la domanda corretta da farsi è, invece, "*quanto devo investire? Quando inizierò a guadagnare di più? Come posso guadagnare prima?*".

I professionisti spendono, gli imprenditori investono e comprano tempo! Da quel momento non ho più avuto paura di spendere perché ho capito quanto era importante **investire su me stesso** e sulla mia azienda per **ottenere risultati migliori** e più velocemente.

Scegli sempre i migliori, persone che hanno raggiunto risultati! Mi chiesi: "grazie a questo investimento riuscirò in 12 mesi ad avere qualche cliente in più, ad aumentare il prezzo dei miei servizi, ad essere più performante?". "Sì!", mi risposi, e allora l'investimento sarebbe stato a costo zero, con il valore aggiunto che, una volta rientrato dello stesso, sarei cresciuto come competenze e questo sarebbe rimasto per sempre.

Non esiste investimento più proficuo che quello sulla propria formazione.

Condivisione e allontanamento

Tornai a casa con Alina e sembravamo due bambini. Quasi volavamo, felicissimi del percorso che stavamo per intraprendere. Eravamo allineati. Ricordo con chiarezza di aver detto ad Alina che ci avrebbero aspettato mesi durissimi, ma non immaginavo minimamente quanto lo sarebbero davvero stati.

A distanza di quasi tre anni posso dire con certezza che la mia più grande fortuna è stata **condividere questo percorso con mia moglie**, la mia dolce metà.

La trasformazione "Da Professionista a Imprenditore" è stata durissima, impegnativa, faticosa, difficile, ma allo stesso tempo meravigliosa ed entusiasmante.

Sarai una persona diversa e migliore, non solo con riferimento al tuo *business*, ma perché diventerai quella persona e quell'imprenditore che hai sempre sognato di essere.

Per intraprendere questo percorso sappi che la condivisione è fondamentale! Tant'è vero che la stragrande maggioranza di **imprenditori di successo** spesso e volentieri **mostra** con orgoglio il proprio **equilibrio familiare**.

In questi due anni e mezzo ho visto troppi professionisti, uomini o donne che siano, frequentare i corsi senza il proprio partner al fianco. Andare via da un corso che hai frequentato con un'energia a mille, tornare a casa con la voglia di conservare quelle vibrazioni e trasmettere quella stessa energia al proprio partner e alla propria famiglia ma anzi dovendo nasconderla o abbassarla perché non si è compresi e quindi sembrare esagitati, ti porterà a disperdere tutta quella energia positiva accumulata.

La trasformazione da professionista a imprenditore tocca prima la sfera personale e intima e poi quella professionale. Per questo ti consiglio di parlare con la tua dolce metà ed essere chiaro.

Saranno periodi meravigliosamente impegnativi perché metterai in gioco te stesso per **diventare** davvero **chi vuoi essere**.

Avrai bisogno di **generare e trattenere energia** e non di disperderla. **Ho visto spesso gelosia nella crescita del proprio partner!** Pensaci... Due persone che viaggiano verso direzioni opposte tenderanno solo ad allontanarsi, rendendo il percorso di trasformazione difficilissimo.

Io e Alina ci ripromettemmo che la nostra crescita sarebbe stata sempre condivisa e che ci saremmo aiutati a vicenda nel nostro percorso.

Non è stato sempre facile, ma esserci confrontati all'inizio, e aver chiarito che ogni miglioramento di uno dei due lo sarebbe stato anche per l'altro, ha reso tutto molto più semplice e bello.

Anche le tue amicizie ne risentiranno perché avrai voglia di condividere con loro i temi di crescita e di trasformazione, **diventerai una persona entusiasta** e questo non sarà quasi mai apprezzato.

Vedrai le cose in modo nuovo, diverso, e a volte ti verrà voglia di dare consigli sul "nuovo Mondo" e le nuove scoperte che stai apprendendo, ma ti assicuro che la maggioranza delle volte non sarai apprezzato, anzi **ti criticheranno**!

Proprio per questo credo fondamentale condividere questo percorso con la tua dolce metà per crescere insieme e allineati.

In questo percorso di trasformazione ti allontanerai da tante persone a te vicine, ma ne incontrerai altrettante con le quali condividere esperienze e vivere lo stesso stato d'animo ed entusiasmo. Anche in famiglia non è scontato essere immediatamente capito.

A volte il **troppo entusiasmo mette paura** e, come ti raccontavo, prima potrebbe anche creare gelosia nei tuoi cari. Considera che fino a oggi ti hanno visto in un modo e non basterà raccontare quello che senti, perché potrebbero pensare che si tratti soltanto di un momento di euforia passeggera.

Quello che ho visto capitare in questi 2 anni e mezzo a molti professionisti è stato arrendersi o creare l'effetto contrario della condivisione, ossia l'allontanamento dal proprio partner, dalla propria famiglia e dalla propria cerchia di amici, che non è certo l'obiettivo della trasformazione che vuoi intraprendere…

Il consiglio che posso darti è **essere** sempre **costante** e di concedere il tempo specialmente alla tua metà e ai tuoi familiari di **comprendere**, un po' alla volta, **il cambiamento** che sta avvenendo nella tua vita.

P.S. Grazie Giacomo Bruno!

La Formula W.I.A.C. – La "I" – Intention

Ti ho parlato nell'introduzione della Formula "**W.I.A.C.**" che, come prima lettera ti mostra la "W", il "*Why*" o il tuo "Perché".

Eppure, in questo capitolo ti ho introdotto la "I" dell'"*Intention*", non perché il "*Why*" venga dopo ma solo perché è lui a sostenere tutto: all'inizio della tua scelta di trasformazione, durante e dopo il suo verificarsi. Lo vedremo dopo, insieme, e ne parleremo in modo molto approfondito. Nei prossimi capitoli ti sarà tutto più chiaro…

adesso andiamo all'intenzione.

Intention: L'intenzione è diversa dal mero desiderio di qualcosa che potrebbe migliorare il nostro essere o il nostro avere beni materiali. L'intenzione non è "mi piacerebbe" ma è avere la voglia e la propensione a raggiungere un obiettivo sentito in maniera forte.

Il sentimento deve essere talmente forte da porti nella condizione di essere pronto a fare cose che fino ad ora non sono state mai fatte.

RIEPILOGO DEL CAPITOLO 1:

In questo Capitolo abbiamo analizzato di come il primo passo per una vera trasformazione "Da Professionista a Imprenditore" sia in sé stessi:

- SEGRETO n. 1: sii curioso perché i nuovi stimoli e i nuovi strumenti necessari alla trasformazione sono fuori dal tuo *habitat* professionale abituale.

- SEGRETO n. 2: sii umile perché stai per ricominciare a "studiare" quasi da zero; elimina tutti i tuoi filtri e dai credito ai formatori, consulenti, *coach* e mentori ai quali ti affiderai.

- SEGRETO n. 3: il vero valore è dato non dalle tue competenze ma quello che potrai apportare ai tuoi clienti.

- SEGRETO n. 4: il professionista "spende" i propri soldi in formazione, consulenza, coaching o mentoring mentre l'imprenditore "investe" per guadagnare prima e di più.

- SEGRETO n. 5: nel percorso di trasformazione cambierai amicizie e vivrai momenti di solitudine, ma nel tempo incontrerai persone che vibrano con la tua stessa energia.

- SEGRETO n. 6: visualizza sempre dove vorrai essere tra uno, due o cinque anni e ripercorri all'indietro il percorso; in questo modo abbasserai le tue tensioni e le tue paure.

Vai a questo link per scaricare la "Mappa della Trasformazione da professionista a imprenditore" www.carlocarmine.it/dpai/risorse.

Capitolo 2:
Come passare da specializzato
a "tuttologo esperto"

Funnel!

Questa parola e questo concetto mi avevano colpito moltissimo durante il corso. La sera stessa continuavo a pensarci e mi chiedevo come fosse possibile che un professionista preparato come me non conoscesse questa parola e il mondo che ruotava intorno a esso.

Durante i tre giorni di corso ci era stato spiegato con estrema chiarezza il concetto e ne avremmo riparlato a febbraio 2018 in una giornata di approfondimento a Roma.

Ma quattro mesi di attesa sarebbero stati davvero troppi, per la voglia di approfondire l'argomento che mi aveva colpito **non potevo più aspettare**.

Ormai la mia trasformazione era iniziata e volevo solo accelerare il suo processo. Volevo **andarmi a prendere quello che mi meritavo**. Sarei dovuto passare dalla voglia e dal desiderio di fare (*Intention*), all'azione (*Action*). Come spesso dico ad Alina **chiunque sia arrivato a 1.000 è sempre partito da 1!**

Tantissime persone però si fermano alla voglia e al desiderio (*intention*) e non agiscono (*action*), non concretizzano in azioni le proprie intenzioni. Ricorda… **dei mille passi verso il successo il più importante è sempre il primo!**

C'è da dire che esistono anche tantissime persone e professionisti che non hanno neanche la voglia di cambiare e migliorarsi, ma se stai leggendo questo libro penso che non sia il tuo caso.

Tornai a casa e iniziai immediatamente a cercare su *Google* la parola *Funnel* e qualche corso o professionista che trattasse questo argomento.

Da "Sono io lo specializzato" a "Governo gli altri"

Capitai in un *funnel* di Michele Tampieri, una sequenza di video della durata di quasi 2 ore in cui spiegava gratuitamente proprio il concetto di *funnel* e le sue applicazioni pratiche nel *business*.

Anche qui fu tutto immediatamente chiaro e semplice; com'era possibile che da grande professionista quale ero e con tutte le conoscenze acquisite non fossi riuscito da solo o insieme a miei soci a mettere tutti questi pezzettini di puzzle insieme?

Il fuoco dentro di me aumentava e sentivo che quella sarebbe stata un'altra tappa obbligatoria e fondamentale del mio nuovo percorso. Volevo mangiarmi il mondo, avevo la stessa rabbia di quando da ragazzo terminavo il Master de "Il Sole 24 Ore" e la stessa sera andavo a frequentare un altro corso di specializzazione in "Bocconi", o di quando in KPMG aspettavo la sera tardi per prendere di nascosto del materiale dei miei manager per studiare. Se vivi queste emozioni, coltivale!

Falle crescere e non farti distrarre, ma la cosa più importante è: **"Trasforma questa energia in azione!"**. Fai in modo che quando le persone ti incontrano vedano in te gli **"Occhi della Tigre"**!

Lo stesso Michele Tampieri pubblicizzava un corso per

professionisti e imprenditori sui *funnels* della durata di tre giorni che si sarebbe tenuto a Rimini a fine novembre 2017.

Il corso prometteva che al termine dello stesso avremmo avuto un *Funnel online* immediatamente operativo e utile a trovare nuovi clienti in *target*. Questo sarebbe stato davvero l'inizio!

A breve ti spiegherò bene il significato di *Funnel*, di *Scala dei valori* e di *Nicchia di mercato* e *Clienti in Target*, tutti concetti nuovissimi che avrei approfondito frequentando quel corso.

Chiamai la segreteria del corso, mi dissero che costava 3.000€. Ero già convinto di partecipare perché avevo fatto delle ricerche e vidi che Michele Tampieri e Alessandro Bentivoglio, i relatori del corso, sembravano i migliori sul mercato.

Chiesi però di poter portare con me sia Alina, per **condividere** il percorso di **crescita**, le **energie**, le **vibrazioni** e i **sacrifici**, sia Giovanni Perilli, che all'epoca ci gestiva la pagina *Facebook* e al quale avrei delegato tutta l'attività pratica operativa del *funnel*.

Mi confermarono la possibilità di essere accompagnato da Alina e Giovanni versando un sovrapprezzo che decisi con piacere di investire.

Pensai due cose: la **prima** fu che, se volevo fare l'imprenditore, dovevo trasformarmi **da un professionista specializzato a un tuttologo esperto!**

La **seconda** cosa, ma successiva alla conoscenza, era che **avrei delegato** il più possibile le competenze acquisite per non essere più schiavo del mio tempo e per **spostare** il mio *focus* da **competenze tecniche specifiche** (il professionista) **al governo della mia azienda** (imprenditore).

Per cui innanzitutto avrei dovuto dominare in senso imprenditoriale (conoscenza approfondita dei capisaldi) e non professionale (conoscenza di una sola materia e dei suoi tecnicismi) gli argomenti e le materie che avrei poi delegato.

Ciò per non subire passivamente quanto mi sarebbe stato raccontato dai miei professionisti che poi mi avrebbero seguito.

Il secondo passaggio, dopo aver acquisito la conoscenza, è quello di delegarle ad altri professionisti, con un **governo** della **delega** chiaro per obiettivi (il tema della delega lo approfondiremo più avanti).

Vedo troppi professionisti che per risparmiare, perché pensano di spendere e non investire, preferiscono fare da sé, aggiungendo un paio di frasi magiche: "Ci metto più a spiegare cosa voglio che a farlo" o "Come lo faccio io non lo fa nessuno", ricordi? Qui si ferma il processo di trasformazione da professionista a imprenditore.

Quante ore dovrai spendere per fare quell'attività? Quante energie ti assorbirà? Il tempo e le energie spese valgono meno dei soldi che paghi a questi professionisti? Ricorda, **prima approfondisci le varie materie oggetto del tuo *business* e poi delega!**

Se vuoi scalare davvero il *business*, sei obbligato a trasformarti da professionista specializzato a "**Tuttologo Esperto**" con successiva delega. Governa il tuo *business* e non permettere ad altri di avere il controllo della tua azienda solo perché non hai studiato e approfondito i temi e le materie che riguardano il tuo *business* e sono lontane dalle tue competenze specifiche.

Sii curioso e approfondisci tutti i temi a 360 gradi che toccano la vita aziendale. Investii nel corso di Michele Tampieri e Alessandro Bentivoglio quasi in real time e aspettai con ansia l'arrivo di fine novembre 2017. Ero entusiasta e avevo fame.

Nel frattempo, mi capitò una pubblicità su *Facebook* di una giornata di approfondimento su tematiche di crescita e gestione aziendale a Milano del *"Business Leader Day"* di Roberto Re. Sarebbe stato l'11 novembre 2017, un paio di settimane prima del corso sul *funnel*. Decisi, insieme ad Alina, di andare anche lì.

Farsi ispirare con "invidia positiva"

Fu un'altra grande scoperta. Era di domenica. Sentii parlare Roberto Re di *mindset*, Matteo Maserati di *comunicazione efficace* e di *come* bisogna *presentarsi ai clienti*, Gianluca Lo Stimolo di *personal branding*, Mirco Gasparotto dell'*equilibrio* obbligatorio da avere nella vita *tra lavoro, famiglia, amicizie e spirito*. Ci fu anche un intervento di Gianluca Massini Rosati, all'epoca in piena ascesa come *Escapologo fiscale*, questa era la sua *Etichetta* per farsi conoscere dal pubblico.

Rimasi affascinato da tutto questo e il quadro si faceva sempre più chiaro. Un libro *Best Seller* su *Amazon*, i *funnels* con i *social network*, il *personal branding*, la *comunicazione efficace* per l'azienda, il *copy persuasivo* e i giusti strumenti per gestire un'azienda; tanti pezzi sarebbero stati a mia disposizione per il puzzle che ero pronto a realizzare.

Sentivo sempre di più che il 2018 sarebbe stato il mio anno, senza sosta. Dovevo recuperare tanti anni perduti ed eliminare quel senso di frustrazione che, come professionista specializzato ma senza risultati economici, mi attanagliava e per questo ne avrei pagato il prezzo... e avevo iniziato a farlo. Ricordati le mie parole: Intenzione e Azione!

Come puoi immaginare, mi iscrissi anche al corso "**Da Manager a Leader**" a cui avrebbero partecipato tanti relatori che erano saliti sul palco quella giornata. Partecipai al corso, che sarebbe durato 12 mesi, con un incontro al mese di 8 ore sempre insieme ad Alina;

investimmo nel corso circa 6.000€. Si sarebbe partiti a gennaio 2018. Avevo le idee chiare!

Avevo incontrato persone da cui imparare e grazie alle quali crescere; altre a cui ispirarmi e che volevo superare! Cos'hai meno di loro? Io dico nulla. E allora perché aspettare?

Agisci, acquisisci gli strumenti necessari, **investi**, **compra tempo**, **delega** e cerca di superarli perché non hanno nulla più di te! Nulla! **Puoi arrivare** esattamente **dove vuoi**, senza limiti, ma devi agire e non solo volere farlo. Io stavo agendo!

Vedevo quelle persone sul palco parlare e ispirare gli altri e mi chiedevo cosa avessero più di me. La risposta fu che avevano gli strumenti giusti e una grande applicazione.

Non volevo diventare un formatore o un coach, assolutamente no, ma avrei voluto che la mia storia di trasformazione "Da Professionista a Imprenditore" avesse potuto ispirare altri professionisti come me, aiutandoli con un giusto percorso a **superare** le stesse **paure** e ostacoli che ho dovuto affrontare io e tutto questo affinché ognuno potesse ottenere finalmente quello che sente di meritarsi.

Fatti ispirare è qualcosa di meraviglioso nel momento in cui lo vivi senza invidia o, come amo dire, con una *"invidia positiva"* che diventa leva per la tua motivazione.

Cerca sempre di superare i professionisti o gli imprenditori ai quali ti ispiri, facendo in modo di prendere da ciascuno tutto quello che possono darti per essere tu stesso quella persona capace di dare qualcosa a qualcun altro e, così facendo, cambiargli la vita… come oggi, magari, queste persone stanno contribuendo a cambiare la tua.

Il Funnel (per avere più clienti)

Finalmente arrivò il giorno del corso del *Funnel Bootcamp* di Michele Tampieri e Alessandro Bentivoglio al quale partecipai con Alina e Giovanni.

Arrivati a Rimini facemmo il *check-in* all'evento e, quando incontrammo Michele e Alessandro, sembrava di conoscerli da una vita. Avevo già visto nel mese precedente tanti loro video e questo aveva creato in me una certa familiarità con loro… La potenza dei video!

Ti racconto questi aneddoti per farti comprendere che in quei momenti cercavo di analizzare tutte le mie sensazioni e sintetizzarle per renderle utili al percorso che stavo intraprendendo e anche per comprendere l'impatto e la vera forza che avrebbero potuto avere per il mio *business*.

Ora ti spiegherò cosa si intende per *"Funnel"*. **Il *funnel*** (rappresentabile da un imbuto) **è un processo di vendita.** *1)* Si parte dalla parte alta e larga dell'imbuto dove si **crea l'interesse** di un numero importante di **potenziali clienti** in target (e ne parleremo in modo approfondito in questo capitolo), poi si inizia a scendere nell'imbuto dove *2)* solo una percentuale di questi, motivo per il quale l'imbuto si restringe, **lascerà un suo contatto** (email o numero di cellulare) grazie a un ***lead magnet*** (ne parleremo a breve); *3)* grazie poi a un processo di ***nutrimento***, normalmente via email o via sms, costituito da informazioni di valore per il potenziale cliente, una percentuale di quelli che hanno lasciato l'email (e l'imbuto si restringe ancora) **comprerà** un vostro **servizio o prodotto**.

4) Se poi si è tanto bravi a individuare altri servizi di valore per i nuovi clienti, grazie a una buona *scala dei valori* (di cui parleremo a breve) una percentuale di essi (e l'imbuto si restringe ancora) comprerà nuovi servizi a valore e prezzo più alti (i cosiddetti *high ticket*).

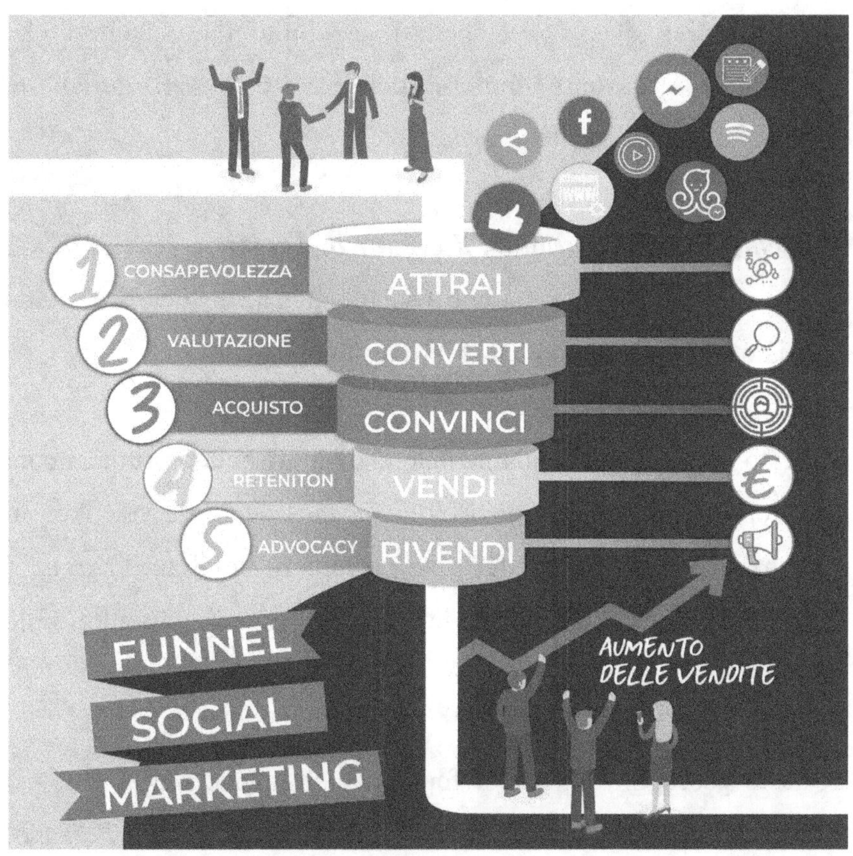

Michele e Alessandro iniziarono con esempi e domande. Ci chiesero tra le altre cose che sistemi di "Marketing" utilizzavamo. Pensa che all'epoca, come la stragrande maggioranza dei professionisti, noi lavoravamo con il mitico "passa parola" e con un marketing avanzato (scherzo), costituito dai volantini che distribuivamo davanti l'ingresso delle sedi della Ex Equitalia e, infine, con il nostro sito *internet*.

L'elemento più importante: il Cliente in Target

È qui che tutto ha inizio perché è dal cliente che devi partire. Come puoi comunicare se non hai chiaro il tuo cliente ideale?

Questo è un aspetto fondamentale che va affrontato prima ancora di preparare il *funnel* e di decidere il messaggio da veicolare ai potenziali clienti. Devi **definire** correttamente il tuo *Target*, i **clienti ideali**, e comprenderne le esigenze non concentrandoti sulle soluzioni tecniche.

Questo passaggio ti tornerà fondamentale anche più avanti, nel Capitolo 4, quando ti parlerò dell'importanza del *Personal Branding* e, per la precisione, dei *"5 elementi del Personal Branding"*.

Ti faccio un esempio. Durante i tre giorni di corso sul *funnel*, quando è arrivato il momento di definire i nostri potenziali clienti, li abbiamo individuati in imprenditori sui 50 anni, residenti nel Centro-nord Italia, sposati e con figli. Titolari di aziende, li volevamo con dipendenti e con un debito tributario pari a circa 100.000€.

Si trattava di imprenditori in difficoltà economiche, magari per la crisi che stavano vivendo alcuni loro clienti, e con il timore che il debito con il Fisco avrebbe portato da un lato alla chiusura della propria azienda e dall'altro ulteriori difficoltà in famiglia, per la vergogna di non riuscire a gestire delle problematiche complesse, compromettendo magari anche il futuro dei propri figli.

L'analisi fu molto più dettagliata ma adesso volevo solo darti un'idea delle modalità necessarie per definire un *target*.

I clienti comprano se si sentono capiti, non se ti capiscono!

Se la mia intenzione è vendere i miei servizi a questi imprenditori che hanno poco tempo al di fuori della loro attività e sono preoccupati per il Fisco, certo non potrò proporre un corso online pieno di tecnicismi e con un tono poco empatico su "Come risolvere i problemi con Agenzia delle Entrate Riscossione".

Se proponessi un servizio di questo tipo, infatti, probabilmente avrei totalmente fallito la comprensione dei miei clienti in *target* e delle loro reali esigenze.

I miei clienti in *target* sono interessati a risolvere i propri problemi e non a "studiare" inutili tecnicismi; quindi per acquisire questo tipo di clientela sarebbe stato meglio preparare dei video di qualche minuto in cui dimostravo da un lato la comprensione umana di come poteva vivere emotivamente quel momento, dall'altro la possibilità comunque di poter risolvere le loro problematiche attraverso altri casi risolti per imprenditori simili a loro, il tutto supportato da dati concreti.

Definito il **cliente in target**, il passaggio successivo è comprendere il **"luogo dove incontrarlo"**. Per far ciò ti spiegherò un altro passaggio fondamentale, quello per inciso del **"traffico"**. Di quest'ultimo ne esistono ben 3 e, conoscerli, significherà per te aver "conquistato" un altro concetto fondamentale per attuare il tuo passaggio "Da Professionista a Imprenditore".

I 3 tipi di Traffico

Ci fecero subito comprendere la differenza tra **Traffico Freddo**, persone che mai ti hanno visto prima (pensa a chi riceveva il nostro volantino) e **Traffico Caldo** (qualcuno che ha visto ad esempio dei tuoi video o letto un tuo post o libro); per finire, il migliore in assoluto: il **Traffico di Proprietà** (persone che ti conoscono e di cui hai anche l'indirizzo email o un numero di cellulare).

Ci spiegarono che **il "traffico" si poteva "acquisire"** con campagne a pagamento grazie ai *social network* (all'epoca in particolar modo *Facebook*, in due anni e mezzo sono cambiate un po' di cose e anche *Instagram* e *YouTube* hanno guadagnato punti e non per ultimo per determinati *target* di clienti *TikTok*, al quale sta iniziando a contrapporsi il concorrente americano *Triller*).

Se hai un sito *internet* o una pagina *Facebook* per la tua attività professionale quante persone la visualizzano? Magari migliaia al mese, ma se volessi comunicare con loro come potresti fare? Non ne hai la possibilità, perché sono loro a decidere se ritornare o meno sulla tua pagina e vedere qualche nuovo contenuto.

Se invece fossi riuscito ad avere un loro indirizzo e-mail potresti scrivere loro per dare nuovi contenuti e "riscaldarli" sempre di più. Ovviamente parliamo di contenuti di valore e che siano utili ai clienti, non certo pubblicità fredda di vendita.

Il Lead Magnet di Valore

Ma come ottenere l'indirizzo *e-mail* del tuo potenziale cliente o di una persona potenzialmente interessata alla tua attività? Non certo tramite una richiesta di iscrizione alla tua *newsletter*, ma dando qualcosa in omaggio di estremo valore per chi lo riceve!

Potrebbe essere ad esempio un video o un documento esplicativo di come risolvere un problema o con i principali errori da non commettere in una determinata situazione. Oppure, si potrebbe proporre un quiz per scoprire qualcosa sulla propria situazione attuale rispetto a quella desiderata e così via…

Leggendo questi esempi credo che stia già iniziando a realizzare da quanti *funnels* sei oggi accerchiato! Un *Lead Magnet*, nello specifico, è qualcosa di "irresistibile" da offrire gratuitamente ai tuoi visitatori (di un sito internet, una campagna pubblicitaria su

Facebook, su *Youtube*...) in cambio delle loro informazioni di contatto (ad esempio la loro *e-mail* o numero di cellulare).

Il *Lead Magnet* dovrebbe rispettare 4 condizioni: *1)* Deve essere gratuito; *2)* deve essere correlato alla tua offerta principale (noi, per alcuni *funnels*, diamo dei video su come risolvere con ex-Equitalia e due Capitoli del Libro "Liberati da Equitalia"); *3)* deve essere specifico (diamo valore per risolvere un problema specifico); *4)* deve poter essere "consumabile" in poco tempo (ad esempio se offri gratis dei video, non dovrebbero durare più di 1 ora, ma le strategie sono davvero tante).

Dare un **contenuto di valore**, ad esempio un documento in formato *pdf*, un *ebook*, una traccia audio, un *quiz* o dei video, **percepiti** come **irresistibili dal cliente**, da consumare immediatamente e utili a risolvere uno specifico problema, per ottenere in cambio una informazione di contatto (ad esempio indirizzo e-mail o numero di cellulare) rappresenta la parte alta e larga dell'imbuto (*funnel*).

Facciamo un esempio pratico: immaginiamo che grazie a delle campagne di *advertising* su *Facebook* 10.000 persone in *target* vedano il tuo annuncio all'interno del quale, a fronte di un loro indirizzo e-mail, offri in cambio del contenuto di estremo valore (*lead magnet*).

Di queste 10.000 persone ne "converti" il 15%; quindi 1.500 persone (15% di 10.000) decidono di approfittarne e nel ricevere qualcosa di estremo valore per loro, ti lasciano il proprio indirizzo e-mail.

Adesso, grazie alla pubblicità su *Facebook* e a un *lead magnet* di valore, hai acquisito *Traffico di Proprietà* composto da 1.500 e-mail di persone potenzialmente interessate ai tuoi prodotti o servizi.

Nei giorni successivi (sono solo esempi, ovviamente qui c'è un mondo che lascio ai professionisti specializzati, noi dobbiamo fare gli imprenditori che conoscono e che governano con delega) mandi una sequenza di email per dare ancora valore e far comprendere come tu abbia capito il problema di chi ti legge e come, grazie alle soluzioni che gli hai prospettato, puoi aiutarlo a raggiungere il suo **obiettivo** che potrebbe essere andare **via da un dolore** o andare **verso un piacere**.

Continuando nell'esempio di prima supponiamo che delle 1.500 persone che ti avevano lasciato il loro indirizzo *e-mail* nel tempo, grazie al continuo valore che continui a dare via *e-mail*, ne converti il 5%; quindi, **75 persone (5% di 1.500)** decidono di comprare un tuo servizio che vale 197€. Ecco che grazie al *funnel* avrai già fatturato **14.775€! (197€ per 75)**.

Ho fatto l'esempio di un servizio offerto a 197€ perché sei un professionista e quindi immagino che questo possa essere il valore congruo ad esempio per una prima consulenza (considera che noi siamo passati in poco tempo, meno di due anni e mezzo, dall'offrire una consulenza gratuita a farla pagare 397€, fatturando solo con questa attività più di 500.000€ nel 2019).

La domanda da farsi ora è: quanto mi sono costate le 10.000 persone iniziali che, grazie al *funnel* di vendita, si sono poi trasformate in 75 clienti?

Qui entra in gioco la tua capacità o preferibilmente quella del professionista a cui deleghi, di creare da un lato campagne pubblicitarie su *Facebook* ben fatte e dall'altro offrire ai tuoi potenziali clienti dei contenuti percepiti di estremo valore.

Ipotizziamo che ogni **lead**, quindi ogni persona che ti ha lasciato il proprio indirizzo **e-mail**, ti sia costata 7€ di pubblicità, importo che potrai verificare durante la campagna direttamente su *Facebook*; pagando il valore di 7€ per ogni indirizzo *e-mail* ricevuto significa che hai pagato 10.500€ di pubblicità (7€ per 1.500 lead acquisiti).

Dai 14.775€ di fatturato dovrai sottrarre per prima cosa i 10.500€ spesi per la campagna pubblicitaria su *Facebook*, poi il professionista che ti ha seguito la campagna e il sistema di *funnel* e, infine, i costi di erogazione del servizio e generali.

Magari sottratti tutti questi costi dai 14.775€ ti resterà un margine, di "soli" 500 € o peggio ancora potresti uscirne con una piccola perdita. Secondo te ne è valsa la pena avere un sistema così per (in questo esempio) avere utili di soli 500€ o una leggera perdita? La risposta a breve…

Devi sapere che **non può esistere imprenditore che non domini i numeri della propria azienda**, le famose **K.P.I** *(Key*

Performance Indicator)!

Ti sto facendo questi esempi numerici perché **l'azienda è fatta di numeri** e non solo di competenze tecniche e professionali. Qualunque sia la tua estrazione professionale, **per una vera trasformazione da professionista a imprenditore dovrai dominare i numeri della tua azienda**.

Ricordati che da professionista specializzato dovrai trasformarti in un *tuttologo esperto* e comprendere il *marketing*, i numeri, il bilancio, la fiscalità e il legale. Tutto è indispensabile e va dominato.

La Scala dei Valori della propria attività

Un'altra cosa che approfondimmo durante il corso sul *funnel* fu la **Scala dei Valori** per i nostri servizi e clienti. Immagina una normalissima scala. Nel gradino più basso mettiamo un servizio a prezzo minimo, ma credimi è forse il più importante.

Questo **primo gradino** avrà un servizio o **contenuto *gratuito*** ma di estremo valore per il potenziale cliente. Se non lavori bene a questo gradino in cui dovresti attirare le 1.500 persone (lead che ti lasciano l'e-mail) dell'esempio, il *funnel* (imbuto) non esisterebbe o comunque ogni *lead* ti costerebbe molto di più.

Nel **secondo gradino** dovrai posizionare un servizio di primo livello come potrebbe essere una consulenza a **197€**, richiamando l'esempio proposto al paragrafo precedente.

Nel **terzo gradino** ipotizza di avere un servizio ancora superiore (definito *high ticket*) che farai pagare **2.500€**. Nel **quarto e ultimo gradino** proporrai il servizio più di valore che hai (definito *super high ticket*), che offrirai al prezzo ipotetico di **10.000€**

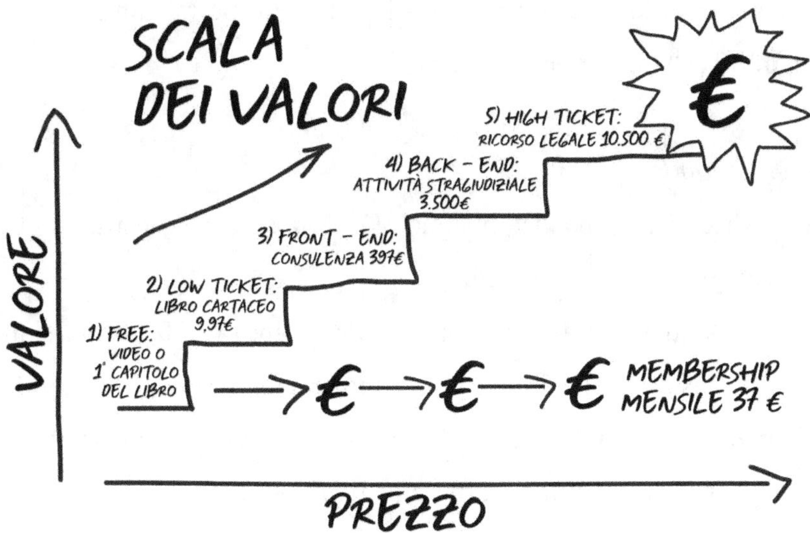

La K.P.I. (Key Performance Indicator) del Marketing

Nell'esempio precedente 75 clienti compravano la tua consulenza a 197€. Ora, ipotizzando di convertire al 25% le 75 persone dell'esempio precedente, **18 clienti (25% di 75)** compreranno il tuo servizio a 2.500€ per un fatturato totale di **45.000€ (2.500€ per 18 clienti)**!

Magari di questi 25 clienti ce ne sarà un altro 20%, quindi **3 clienti (20% di 18)**, che comprerà un servizio ancora più in alto nella

Scala dei Valori per un prezzo di 10.000€ e potrai fatturare altri **30.000€ (10.000€ per 3 clienti)**.

Riepilogando:

1.	Realizzi una Campagna *Facebook* che mostra il tuo messaggio a 10.000 persone.

2.	Di queste 10.000 persone il *15%*, quindi 1.500, entra nel tuo *Funnel*, lasciando l'e-mail e ricevendo un video o una serie di video (o un ebook, un pdf, etc.) di altissimo valore per loro che avevamo inserito nel gradino più basso della *Scala dei Valori*.

Con una serie di e-mail, in cui continui a dare valore e soluzioni al potenziale cliente (lead), riesci a fare in modo che il *5%*, quindi 75 clienti, comprino la tua consulenza che si trova nel primo gradino della scala a pagamento a 197€, ciò genererà un fatturato di **14.775€** (197€ per 75 clienti).

3.	Dopo la prima consulenza, il *25%* dei 75 clienti decide di acquistare il servizio più completo, per cui **18 persone** (25% di 75) compreranno il tuo servizio a 2.500€ per un fatturato totale di **45.000€ (2.500€ per 18 clienti)**.

4.   La tua *Scala dei Valori* nel gradino più alto prevede anche un servizio Vip ed esclusivo e magari circa il *20%* dei 18 clienti che hanno comprato il servizio precedente, per cui **3 clienti** (20% di 18) compreranno un servizio ancora più in alto nella *Scala dei Valori*, per un prezzo di 10.000€ e potrai così fatturare ancora un totale di **30.00€ (10.000€ per 3 clienti)**.

In questo esempio, il tuo **fatturato complessivo** sarà di **89.775€** (14.775€ + 45.000€ + 30.000€). Ecco la prima risposta a quanto avevamo visto prima, con un guadagno di "soli" 500€ o magari con una perdita.

I "professionisti" del *Marketing* spesso si fermano al primo numero, cioè al guadagno dei 500€ o alla perdita, mentre l'imprenditore deve guardare i numeri nella sua interezza e, magari, accettare anche delle perdite nei primi passaggi del *Funnel* perché poi si tradurranno in guadagni nella parte bassa del *Funnel* grazie a una attenta Scala dei Valori.

Perché un imprenditore deve conoscere i numeri (*K.P.I.*) e comprenderli per poi prendere decisioni strategiche? Le percentuali di conversioni nei vari passaggi sono state:

15% dei 10.000 potenziali clienti (1.500) che, dopo aver visto il messaggio, lasciano l'e-mail gratuitamente e diventano lead;
5% dei 1.500 lead, quindi 75, comprano la consulenza a 197€;
25% dei 75 clienti, quindi 18, comprano un servizio da 2.500€;
20% dei 18 clienti, quindi 3, comprano il servizio Vip da 10.000€.

Secondo te, dove dovresti concentrare la tua attenzione? Ipotizza di poter aumentare del 10% uno dei valori di conversione dell'esempio appena fatto, quale sceglieresti? Quello in cui le persone ti lasciano gratuitamente solo l'e-mail? O quello dove vendi il servizio Vip a 10.000€?

Ecco la risposta. Se aumenti del 10%, quindi invece del 20% diventa il 30%, la conversione dei clienti che acquistano il servizio Vip, vorrà dire che dei 18 clienti che comprano a 2.500€ il 30% (quindi 5 clienti invece di 3) compreranno il servizio Vip facendoti fatturare **20.000€ in più**.

Se invece dei 10.000 potenziali clienti che vedono la campagna su

Facebook il 25% e non più il 15% si convertono in lead lasciando un loro indirizzo e-mail avrai 2.500 lead di cui con i numeri di prima il **5%** dei 2.500 (125) lead compreranno la consulenza a 197€ con un fatturato di 24.625€.

Il 25% dei 125 clienti, quindi 31, compreranno un servizio da 2.500€ con un fatturato di 77.500€.

Il 20% dei 31 clienti, quindi 6, compreranno il servizio Vip da 10.000€ con fatturato di 60.000€. Fatturato totale, in questo secondo caso, pari a 162.125€ (24.625€+77.500€+60.000€): ben 72.350€ in più! (162.125€ - 89.775€).

Quindi, aumentando il 10% di conversioni su chi ti lascia l'*e-mail* gratuitamente, in questo esempio ti porterà un fatturato aggiuntivo di ben 72.350€ rispetto a soli 20.000€ di fatturato in più ottenuto, aumentando sempre del 10%, chi compra il servizio VIP.

Dove dovrai concentrare i tuoi sforzi allora? Come vedi la risposta è nei numeri e a volte è controintuitiva.

Questo è un esempio, ma ne faremo altri, solo per rendere chiaro che **"Senza Numeri non si Governa e Non si possono prendere Decisioni"**. Le *K.P.I.* saranno un elemento importantissimo del tuo percorso di trasformazione "Da Professionista a Imprenditore".

I 3 modi per fatturare di più

Ti ho parlato di *Funnel, Scala dei Valori* e *K.P.I.* Inizialmente, se vuoi scalare il tuo *business* è giusto concentrarsi sul **primo modo per incrementare il fatturato: avere più clienti**.

Per raggiungere questo primo obiettivo, il *funnel* è uno strumento ideale e potentissimo ma per continuare a scalare, e rendere ancora più profittevole il tuo *business*, dovrai focalizzarti sul **secondo modo per fatturare di più: aumentare il prezzo medio di acquisto** del tuo prodotto o servizio.

Noi, grazie al posizionamento acquisito tramite il *personal branding* e grazie alla continua attenzione e miglioramento del valore percepito dai clienti, abbiamo incrementato in maniera considerevole, a parità di numero di clienti e di pratiche seguite, il fatturato grazie a un prezzo medio costantemente in crescita dei nostri servizi. Risultato?

Maggior fatturato con un minor numero di pratiche da seguire e da gestire che, conseguentemente, ha migliorato l'efficienza aziendale.

Il terzo modo per fatturare di più consiste nel vendere nuovi servizi o prodotti ai vecchi clienti. Questo aspetto è spesso sottovalutato dagli imprenditori e ancora di più dai professionisti.

Se hai compreso dagli esempi precedenti lo sforzo economico necessario ad acquisire un cliente, ti sei reso conto che vendergli un nuovo prodotto o servizio, magari di valore e prezzo maggiori, da un lato riduce drasticamente fino anche a eliminarlo il costo di acquisizione dello stesso e dall'altro, a parità di servizio, aumenterà i tuoi margini.

Come hai potuto constatare con gli esempi visti insieme, una *scala dei valori* **ben strutturata** può **aiutarti** tantissimo in questa terza modalità per **aumentare il fatturato**.

Se ci pensi bene, il senso del *funnel* è racchiuso proprio in questo terzo modo. Investi un budget importante per i *funnels* e per le campagne di *advertising* su *Facebook* e questo ti permette di ottenere 1.000 clienti che comprano il servizio del primo gradino della *scala dei valori*.

A questo punto, gratis, 200 di quei 1.000 comprano il tuo servizio del secondo gradino della *scala dei valori*; ancora gratis, senza ulteriore campagna di advertising 25 di quei 200 clienti comprano il tuo servizio del terzo gradino della *scala dei valori*; ancora gratis, 6 di quei 25 clienti comprano il tuo servizio vip sull'ultimo gradino della *scala dei valori*.

Come puoi notare, hai speso in *advertising* solo per i clienti che hanno comprato il primo servizio; ad alcuni di questi hai venduto anche altri prodotti o servizi che ti hanno generato fatturato senza alcun costo di *advertising* aggiuntivo.

Quindi, il consiglio che voglio darti è di concentrarti su questo terzo metodo che consiste nel **vendere**, nel tempo, **più prodotti o servizi a clienti già acquisiti**.

Questo diventa importante anche perché i fattori e le variabili nel marketing sono tantissimi (esempio piattaforme che cambiano algoritmi, costi delle campagne pubblicitarie che crescono, campagne pubblicitarie bloccate, difficoltà momentanea a investire in modo importante, un nuovo concorrente…) e non si può fare affidamento sulla sola *lead generation* di clienti nuovi.

Un errore, quest'ultimo, che avevamo commesso anche noi e che abbiamo corretto nella nostra fase di consolidamento.

I 2 Copywriter necessari (per fatturare)

Fai molta attenzione perché tutti gli esempi che ti propongo hanno con sé tantissime variabili. Il funzionamento del *funnel* (imbuto), ad esempio, dipenderà in buona parte dal *Copy*, quindi dalla **capacità di realizzare contenuti utili e di valore e comunque in modo persuasivo.**

Non va, inoltre, accantonato l'aspetto della *Grafica* che dovrà essere accattivante e coerente con il messaggio che intendi diffondere.

Fai attenzione perché scrivere in maniera persuasiva non significa saper scrivere in italiano corretto! Esistono tecniche e professionisti specializzati in questa materia che non è per nulla semplice e non può essere frutto dell'improvvisazione.

Oltretutto, scrivere dei testi per i *funnels* è davvero diverso come tecnica rispetto a scrivere un'e-mail persuasiva; il *funnel* utilizza un linguaggio molto tecnico e specifico tanto che noi, a volte, scherziamo dicendo di scrivere in *Funnellese*!

Ovviamente, ricordati che dovrai sempre distinguere due competenze e dovrai usarle entrambe: il *Copywriter di Contenuti* e il *Copywriter Persuasivo*. Il primo ti servirà a creare contenuti di carattere informativo e darà sempre maggiore "valore" ai tuoi potenziali clienti rispetto ai bisogni che potrai soddisfare loro; mentre, il secondo, ti servirà a far scattare la molla del "desiderio" al darti fiducia con l'obiettivo, appunto, di portarli all'acquisto dei tuoi servizi o del tuo prodotto.

Solo contenuti di nutrimento ti porteranno ad avere una *newsletter* ricca di nominativi ma carente di fatture; solo contenuti persuasivi, invece, stancheranno i potenziali clienti perché li faranno sentire

aggrediti da una costante proposta di vendita. E qui viene il bello…
più o meno.

Durante la seconda giornata del corso, insieme a Giovanni Perilli, avevamo finito di preparare il nostro primo *Funnel* da un punto di vista tecnico. Avevamo individuato il cliente in target e la *scala dei valori*, il messaggio da veicolare, scritto delle pagine di vendita, collegato la piattaforma *ClickFunnels* a *Facebook* per iniziare le campagne di *advertising* e ottenere i primi lead, ma mancava una cosa: il *lead magnet* che avevamo individuato in un video da inserire come "valore" da dare al cliente in cambio dell'ottenimento della sua e-mail.

Compromettiti, alza la mano e agisci

A quel punto ricordo, come se fosse oggi, che Michele Tampieri chiese a tutti noi in sala: "Chi vuole girare i video per il proprio *funnel* e domani lanciarlo *Live*?". "Wow! Ci siamo!", pensai tra me e me.

Come ti raccontavo, ero un professionista abituato a parlare in pubblico anche davanti a platee di 400 altri professionisti, nel mio ambito mi sentivo sicuro!

Inoltre, avevo sempre considerato *Facebook*, dove si sarebbe visto il video in una campagna a pagamento, uno strumento poco utile o comunque da starci lontano per conservare la mia *privacy*.

E poi… Quante critiche avrei ricevuto da tutti gli altri professionisti? Avrei dovuto semplificare tantissimo il mio modo di comunicare e questo mi avrebbe reso ridicolo agli occhi di tanti; ti assicuro, inoltre, che girare un video, anche solo con un cellulare, è totalmente diverso dal parlare in pubblico.

Provavo tremendamente vergogna, ero consapevole che quel momento avrebbe rappresentato la **fine** di un'epoca della mia **vita da professionista**, dovevo decidere di **uscire dalla mia zona di comfort** e dovevo farlo in quel momento (adesso!).

Sarei diventato un personaggio pubblico, un "professionista" alla mercé di tutti gli *haters* e dei leoni da tastiera su *Facebook*, con un'aggravante non da poco: l'argomento che avrei trattato (l'annullamento dei debiti con il Fisco) era molto delicato e facilmente attaccabile da chi non vive come imprenditore le difficoltà con il Fisco stesso.

Michele chiese: "Chi vuole lanciare il *funnel on line* domani?". Uscire dalla zona di comfort, facile a dirsi… **Abbassai la testa**, quasi in senso di vergogna, e **alzai** ugualmente **la mano**. Fu un attimo, lo avevo fatto, **mi ero compromesso con la sala**, con Michele e con mia moglie Alina che mi guardò un po' incredula: non mi sarei più potuto tirare indietro!

Capo o dipendente di te stesso?

Quando abbassai la testa e alzai la mano pensai di essere un dipendente della mia azienda a cui avevo chiesto di compiere una determinata azione o un determinato compito. Smisi di pensare di essere il "capo" della mia azienda e di poter decidere cosa fare e, di conseguenza, anche cosa non fare.

Mi volli sentire un dipendente obbligato a compiere quell'azione e a non poter decidere di dire di "no", di rifiutarsi. Questo modo di pensare mi aiutò tantissimo, sia in quel momento che in tantissime altre occasioni in cui ho dovuto compiere azioni che mi avrebbero portato *"fuori dalla mia comfort zone"* o nei quali ero chiamato a dover superare le mie paure.

Permetteresti mai a un tuo dipendente o collaboratore di non eseguire una tua indicazione solo perché dice di avere paura di farla? Penso di no. Così volli che fosse anche per me. **Obbligato a fare, senza possibilità di dire di no**.

Spesso chiedi ad altri, senza possibilità di dirti di no, di fare cose che tu in verità non faresti mai? Da oggi, per superare le tue paure ti consiglio di sentirti non la persona che dà indicazioni ma quella che le riceve. **Smettila di sentirti il "Capo di te stesso" e inizia a essere il "Miglior Dipendente di Te Stesso".**

Quella notte non chiusi occhio. Può un uomo di 42 anni, grande "professionista", provare così tanta paura a girare un video? Sì. Non dormii per nulla e la mattina Alina mi disse che ne era certa: ero proprio agitato. Scendemmo a fare colazione, preparai una **mappa mentale** che avevo iniziato a utilizzare come strumento nell'ultimo mese, dove erano indicati punti salienti del mio video, rispettando pedissequamente i consigli di Michele e Alessandro.

Girammo il video e ruppi il mio tabù, la mia paura.

Inserimmo il video sia nel post social sia nel *funnel*. Nel video raccontavo il *1° Segreto per eliminare i debiti con la ex Equitalia*. Ero certo che mi sarebbero arrivati tantissimi commenti negativi, sia dagli *haters* sia da chi mi conosceva professionalmente il quale, con tutta probabilità, avrebbe iniziato a guardarmi diversamente e sicuramente mi avrebbe criticato.

Quel pomeriggio di domenica 3 dicembre 2017 **lanciammo il Funnel** e io entrai ufficialmente su *Facebook* in modo professionale. Fu un'emozione incredibile e mi resi conto di una cosa… **Se vuoi uscire dalla zona di comfort devi "comprometterti", devi alzare la mano!**

Come superare la paura di fare Video

Il corso sul *Funnel* terminò e io, Alina e Giovanni Perilli, a cui da quel momento, dopo aver acquisito le giuste conoscenze, avrei delegato la parte tecnica dei *funnels*, lasciammo Rimini pieni di energia e con grandi cambiamenti in serbo, sia per l'azienda sia a livello personale.

Tantissimi professionisti raccontano tante storie per non mettersi in gioco e per non girare video utili ed essenziali per la propria attività… So benissimo cosa si sente. Vergogna, non per quel momento, ma per le critiche di tutti quelli che ti conoscono e per quelle di chi non ti conosce.

La verità è che hai proprio ragione, perché **saranno tutti spietati nei tuoi confronti**, ma posso garantirti una cosa: la stragrande maggioranza di loro lo fa **per due motivi**. Il primo è l'**invidia nei tuoi confronti**, che a differenza loro stai uscendo dalla tua zona di comfort e creando il tuo futuro; il secondo è che fai emergere ai loro occhi proprio la loro insicurezza perché **fai quello che loro non riescono a fare**.

Ti posso garantire che, spesso, le stesse persone che ti criticano o gli stessi amici che non metteranno mai un *like* ai tuoi nuovi post, lasciandoti anche un senso di amarezza, saranno proprio quelli che nel loro intimo ti ammireranno di più.

Il blocco più grande per la trasformazione da professionista a imprenditore è la **paura**! Non altro! Veniamo da un mondo di professionisti in cui "Siamo ciò che abbiamo fatto", "Siamo quello che sappiamo", un mondo generalmente rivolto all'"Io", mentre quello dell'imprenditore, solitamente, è un mondo e un modo di comunicare rivolto al "cliente".

La trasformazione **"Da Professionista a Imprenditore"** sarà molto intima e, credimi, ben presto troverai difficoltà a rivederti in quel mondo o meglio quel modo di essere professionista che stai pian piano abbandonando.

Un aspetto da sottolineare è che a volte anche le coppie possono soffrire di questa esposizione mediatica sui *social network*.

Probabilmente, la tua dolce metà proverà gelosia nei tuoi confronti ma è del tutto comprensibile. Oltre alle critiche, essendo *Facebook* un *social network*, può attirare attenzioni particolari da quando sarai esposto mediaticamente. Ti consiglio di essere molto trasparente con la tua dolce metà.

La **trasformazione** "Da Professionista a Imprenditore" che ti permetterà di **scalare il tuo** *business* è un percorso faticoso e

meraviglioso e proprio non ne vale la pena rovinare tutto per un po'
di edonismo e vanità personale. Sii concreto perché il viaggio è
lungo e avrai bisogno del sostegno di chi ti sta accanto.

Qualche giorno dopo la fine del corso sul *funnel*, partecipai, dopo
essermi registrato, a una serata di Mirco Gasparotto per la
Community Osa a Milano. Una realtà composta da soli
imprenditori che, riunendosi una volta al mese, trattano 3 temi che
possono riguardare il *marketing*, il *mindset* o tantissimi altri aspetti
e spunti della vita aziendale.

Vidi questa *ads* su *Facebook* proprio qualche giorno prima di
andare a Rimini al corso sul *funnel*. Ricordo che ebbi da discutere
con Alina perché pensava che sarebbe stato troppo! Io, invece,
ritenni che avevo bisogno di frequentare altri imprenditori con la
stessa energia e voglia di migliorarsi che avevo io.

Inoltre, speravo proprio di poter esprimere il mio valore e le mie
idee all'interno di quel gruppo. Volevo **"contaminarmi"** con
esperienze di altri imprenditori che operavano in settori
completamente diversi dal mio e non frequentare più gli ambienti

dei professionisti, come avevo sempre fatto in passato.

Volevo essere un imprenditore e, di conseguenza, dovevo frequentare altri imprenditori. Mirco Gasparotto avrebbe fatto al caso mio perché, non a caso, è riconosciuto in Italia come il *Mentore degli imprenditori di Eccellenza*.

Sentii in un istante di trovarmi nel posto giusto. Partecipai a quella serata che si tenne il 5 dicembre 2017, con qualche strumento in più rispetto a un paio di mesi prima. C'erano almeno 100 imprenditori.

Da quel meraviglioso 6 ottobre 2017, in cui iniziò la mia trasformazione "Da Professionista a Imprenditore" partecipando al corso di Giacomo Bruno su come scrivere un libro, erano passati solo due mesi e di cose nuove ne avevo sentite, studiate e anche iniziate ad applicare davvero tante.

Fu decisamente emozionante. Dentro di me sapevo che anche nella Community Osa avrei potuto fare la differenza, ma come per tutte le cose ci voleva il tempo per far maturare i rapporti.

Una raccomandazione: non comportarti mai come un *fan* quando incontri persone nuove che, semmai, stimi e ammiri. È bello e giusto complimentarsi con loro, ma presentati sempre con lo stato d'animo di chi, un giorno, con quella persona che ora sembra un gigante, ci sarà amico.

Con questo fare, mi presentai al "Gigante" Mirco Gasparotto, e ascoltai tutta la serata in religioso silenzio. Ero emozionato. Vissi quel tempo con la voglia di **dimostrare** nel tempo **il mio valore**. Avevo spiccato il volo, nessuno mi avrebbe più fermato.

A distanza di un paio di anni, Mirco da gigante divenne un mio ottimo amico, tanto da scrivere anche la prefazione del mio secondo libro *Difendi i tuoi soldi per sempre con il Trust*.

Un paio di settimane dopo quella serata da Osa, con Alina volammo a Roma perché c'era il *weekend* di formazione dell'Accademia di Giacomo Bruno sul tema del *Public Speaking*. Furono due giorni davvero molto interessanti. Ero una spugna e ogni cosa che ascoltavo cercavo di metterla immediatamente in pratica.

Il **18 dicembre 2017** fu un compleanno davvero bello. Ero in piena corsa verso la realizzazione della mia trasformazione "Da Professionista a Imprenditore".

Come ti dicevo, i numeri e le date per me sono importantissime e quel giorno lo è davvero tanto: sia io che Alina, infatti, festeggiamo il compleanno lo stesso giorno, il 18 dicembre con "soli" 10 anni di differenza!

Fu un Natale di studio sia per me sia per Alina. Entrambi stavamo scrivendo i nostri libri e, oltre a studiare, cercavo di applicare in ufficio tutto quello che imparavo ai corsi che seguivo. Commettevo tanti errori ma mi lanciavo e poi li correggevo. L'importante era agire. Giravo video di valore da inserire su *Facebook* mentre Giovanni Perilli lavorava ai *funnels* con sempre più velocità.

Iniziavamo a vedere i primi risultati e questo ci caricava tantissimo. Avevamo rotto un po' le regole della comunicazione nel nostro settore di mercato e questo, se da un lato ci avvantaggiava sui nostri competitor, dall'altro ci obbligava ad esplorare strade mai percorse prima.

P.S. Grazie Michele Tampieri, Alessandro Bentivoglio e Mirco Gasparotto.

La Formula W.I.A.C. – La "A" – Action

Action: avere l'intenzione è la base per poter partire, ma l'elemento principale di ogni trasformazione consiste nell'azione, nel compiere il primissimo passo. Non bisogna essere perfetti per partire: bisogna solo partire, agire, "ora e non oggi". Ogni viaggio, infatti, è composto da mille passi ma il più importante è sempre il primo.

RIEPILOGO DEL CAPITOLO 2:

In questo Capitolo abbiamo analizzato i primi concetti di *marketing* e di come superare le prime paure per "lanciarsi" sui *social network*:

- SEGRETO n. 7: come professionista sei abituato a essere super specializzato in una singola materia, ma per trasformarti in imprenditore dovrai diventare un *"tuttologo esperto"* in modo da delegare le attività con consapevolezza ed evitare di affidarti completamente agli altri.

- SEGRETO n. 8: per scalare il tuo *business* e fatturare di più dovrai concentrati in una prima fase a incrementare il numero di nuovi clienti; subito dopo dovrai cercare di vendere nuovi servizi ai clienti già acquisiti e, infine, aumentare il valore percepito da parte dei clienti così da aumentare il prezzo dei tuoi servizi.

- SEGRETO n. 9: per superare le tue paure e uscire dalla tua zona di comfort ragiona non come se fossi il capo di te stesso ma, al contrario, come se fossi il tuo miglior dipendente e cerca sempre di impegnarti di fronte agli altri in modo da non poterti tirare indietro nel compiere determinate azioni.

- SEGRETO n. 10: per scalare il tuo *business* dovrai partire dall'avere chiarissima la tua *nicchia di mercato* e il tuo cliente ideale (*cliente in target*); ricorda che comunicare a tutti significa non comunicare a nessuno.

- SEGRETO n. 11: i *funnels* insieme a una chiara *scala dei valori* dei tuoi servizi e all'identificazione di *lead magnet* irresistibili saranno i tuoi primi strumenti per aumentare il numero di nuovi clienti.

Vai a questo link per scaricare la "Mappa della Trasformazione da professionista a imprenditore" www.carlocarmine.it/dpai/risorse.

Capitolo 3:
Come attivare le prime
procedure operative

Iniziò il 2018 e sarebbe stato il mio anno. Ricordo che iniziavo a sentire un piccolo disallineamento con i miei soci, Simone Forte e Mario Cerrito, con i quali eravamo sempre stati allineati. Eppure, in quel momento, sentivo che avevamo energie diverse, visioni diverse, conoscenze diverse. Ma non era il momento di rallentare, ci avrei pensato più avanti.

Nei primi mesi del 2018 iniziai a frequentare il corso "**Da Manager a Leader**" di Roberto Re. Un appuntamento al mese della durata di 8 ore. *Pianificazione Strategica, Time Management, Change Management, Personal Branding, Business Writing, People Management* e *Lean Management, Comunicazione Persuasiva* e *Team Management* furono i temi più interessanti per me.

Avevo mille cose cui pensare e il tempo era una variabile

fondamentale. Spessissimo sento professionisti affermare frasi come "Sono sempre preso" e **"Non ho mai tempo"**. Mi verrebbe da chiedere: "Ne sei sicuro?". Come mai altre persone riescono a fare molto di più avendo a disposizione le tue stesse ore?

Pensa ai **grandi imprenditori**: gestiscono aziende enormi con migliaia di dipendenti e collaboratori: **credi che non abbiano gli stessi problemi tuoi e le tue stesse ore a disposizione?** Adesso starai pensando sì, ma loro hanno dei collaboratori che si occupano dei problemi più pratici e quotidiani! Bravo, è esattamente questo a cui devi arrivare.

Gestione del Tempo e **Delega**.

Il professionista spesso si lamenta di avere poco tempo ma in realtà ama essere assorbito dagli adempimenti e dalle problematiche quotidiane. L'imprenditore agisce a un livello più alto.

Non potrai mai scalare il tuo *business* se non ti elevi (e ti scansi) dai problemi quotidiani e se, soprattutto, il tuo fatturato dipenderà sempre da te stesso. Stai barattando il tuo tempo (prestazione professionale o consulenza ad esempio) per soldi. Così non va! Ma come se ne esce?

Gestione del Tempo e i 4 quadranti della Matrice di Covey

Gli step possono essere semplici e si basano anzitutto sulla la comprensione e l'utilizzo della "mitica" **Matrice di Covey** che, ovviamente, non conoscevo. Ti suggerisco di fare come feci io: cerca di applicare immediatamente quello che leggi e solo nei giorni successivi iniziare a capire se quello strumento ti è davvero utile. Credimi, lo è!

In questo libro sto cercando di **sintetizzarti la mia esperienza** di centinaia di ore di formazione e di applicazione, nonché di errori già commessi e già risolti.

La **Matrice di Eisenhower**, generale e presidente statunitense negli anni '50, detta anche **Matrice di Covey** dal nome di *Stephen Covey*, che ne ha approfondito il modello nel suo volume *The 7 habits of highly effective people*, libro che ho letto in lingua inglese, definisce in 4 quadranti **"Come gestire al meglio il proprio tempo"**.

Ma prima una domanda. Sei in *focus* e stai lavorando a un progetto? Stai pianificando qualcosa di importante? Stai studiando o stai leggendo un documento importante per la tua attività e un tuo collaboratore o il tuo caro cellulare ti interrompono?

Sai quanto tempo impieghi per **rientrare di nuovo in *focus*?** Almeno **20 minuti!** Dopo aver sperimentato quanto ciò sia vero, ho comprato in azienda dei **cartellini *Do Not Disturb*,** come quelli che si trovano negli *hotel*, da mettere fuori la mia porta quando ho necessità di essere in *focus*.

È davvero utile e, inoltre, aiuta i tuoi collaboratori a non trattarti come un *"concorrente di quiz televisivo"*. Mille domande delle quali almeno 999 sono inutili.

Se un domani vuoi lavorare meno, devi lavorare molto e di più oggi. Devi allenarti tu per primo e poi trasmettere il tuo nuovo modo di lavorare ai tuoi collaboratori. Non si può improvvisare ogni giorno come se ciò che gestiamo, o ciò che accade nella nostra azienda e nelle nostra routine lavorativa, fosse sempre la prima volta. Pensaci bene, il tuo lavoro è ogni giorno diverso e con attività diverse o, alla resa dei conti, ruota sempre sulle stesse 20, 30, 50 attività? Allora, perché non fare in modo tale che sia una **procedura ben definita** ad attuare tutto?

Una procedura tale per cui chi compie quell'azione non deve affidarsi sempre e solo alle proprie capacità o alla propria memoria? Una procedura scritta e già pronta da essere eseguita che si replica in modo semplice quando arriva un collaboratore nuovo.

Come ti dicevo prima, **se vuoi lavorare meno dopo, devi lavorare di più all'inizio** perché, oltre all'attività quotidiana, dovrai anche programmare, pianificare e creare procedure per tutte le aree del tuo *business*. Quando l'azienda iniziò a crescere, aumentarono i clienti, le richieste, le problematiche e l'esigenza (piacevole) di assumere altri dipendenti e collaboratori.

Ma come crescere velocemente facendo in modo che l'arrivo e l'inserimento di una nuova risorsa fosse il più semplice possibile? Quando in azienda si commette un errore (che ovviamente può capitare, **solo chi non lavora non sbaglia**) la prima domanda è: come possiamo risolvere? (problema attuale urgente).

Eppure, la domanda successiva deve essere "come possiamo **migliorare la procedura** per fare in modo di **non commettere lo stesso errore**?" (pianificare riduzione dei problemi futuri). Anche perché, come dico sempre: **commettere errori ci sta, ma che siano diversi**!

Hai già le procedure scritte della tua attività? Una risposta che mi sono spesso sentito dire anche dai miei soci: "Quello che facciamo è sempre diverso!", "È impossibile farne una procedura!".

La verità è che ogni attività può essere inglobata in una procedura standard che tutti i collaboratori, vecchi e nuovi, possono applicare. Infatti, nella nostra azienda, ormai tutte le attività sono contenute in una procedura scritta che viene aggiornata ogni volta che si evidenzia la necessità di miglioramento.

Ma per parlare di procedure dobbiamo fare un passo indietro.
Vuoi davvero scalare il tuo *business*? Vuoi davvero diventare un imprenditore? E allora ci sono delle cose che devo evidenziarti.
Nella fase iniziale del tuo processo di trasformazione la qualità del tuo servizio potrebbe calare. Sei ancora pronto alla trasformazione?

Vuoi avere 10, 100 o 1.000 clienti?

Se la risposta è 100 o 1.000 sembra chiaro che non potrai essere tu personalmente, per fortuna, a seguirli tutti. Sei pronto, quindi, ad abbandonare le frasi del tipo *"Come lo faccio io non lo fa nessuno?"*; questa affermazione può avere una sua validità se segui solo 10 clienti. Lo stesso dicasi per la frase *"Faccio prima a farlo che a spiegarlo"*; anche questa può avere un senso solo se segui pochissimi clienti.

Al contrario, **se vuoi scalare il tuo *business***, lo schema da utilizzare sarà il seguente:
Procedura = Standard = Delega = Collaboratori = Crescita.

Ti sto parlando di cose importanti e che saranno il primo pilastro della tua visione e organizzazione aziendale. Ora possiamo riprendere la *Matrice di Covey* e vedere come può esserci utile in questo passaggio della gestione del tuo tempo.

La matrice è suddivisa in **due Assi**. Quello orizzontale, che va da sinistra a destra, divide le attività da quelle più urgenti a quelle meno urgenti; l'asse verticale, che va dal basso verso l'alto, divide le attività dalle meno alle più importanti. Così si creano quattro quadranti che cambieranno il modo di vedere il tuo lavoro.

Quadrante I. Urgente-Importante. Arrivi a lavoro e qualunque cosa tu stia facendo dovrai affrontare le questioni urgenti e importanti! Pensa a una crisi improvvisa nella tua azienda o a una scadenza che non si può saltare!

Quadrante II. Non Urgente-Importante. Questo è il quadrante più bello, perché il più utile per la tua trasformazione "Da Professionista a Imprenditore" e può permetterti di scalare il tuo *business*.

Questioni importanti ma non urgenti possono essere, ad esempio, il lavorare a nuovo progetto, studiare un nuovo accordo commerciale, approfondire una tematica utile per scalare il tuo *business*, la visione di un videocorso o implementare una nuova procedura aziendale, analizzare in maniera approfondita e prospettica le *K.P.I.*

Quadrante III. Urgente-Non Importante. Il terzo quadrante è dove di solito si perde tantissimo tempo; si tratta, quindi, di quello dove il tuo valore si deprezza. Ti sembra che tu debba perdere tutto questo tempo nel rispondere a e-mail, telefonate, fare lavori di poco valore? Vuoi essere un imprenditore o uno schiavo del tempo?

Ecco che, allora, il quadrante due ti aiuterà perché dedicando il tuo tempo all'implementazione di nuove procedure potrai delegare la maggior parte delle attività.

Quadrante IV. Non Urgente-Non Importante. Qui trovi **tutte le attività** da evitare completamente in quanto rappresentano distrazioni inutili! Telefonate inutili, utilizzo dei *social network* e perdite di tempo in *internet* o compiti di bassissimo valore.

Un appunto che riguarda i *social network*: ricordati che come imprenditore dovrai trasformarti da *social content consumer* a *social content producer*. Per questo, la prima cosa che ti consiglio di fare, è entrare nella tua casella di posta elettronica e andare in fondo a tutte le ultime e-mail dell'ultima settimana e fare lo stesso per tutte quelle che arriveranno nella prossima settimana e cercare il bottone o link di *"Unsubscribe"*, oppure il bottone **"Non desidero più ricevere questa email"** e scritte simili.

Elimina tutto quanto non sia strettamente necessario e legato al tuo lavoro. La **trasformazione inizia in un attimo** ma ha bisogno di tempo per strutturarsi e tu hai bisogno di tutto il tuo *focus* e la tua costanza per raggiungere i risultati che meriti. Non hai tempo da perdere, neanche per leggere i titoli delle e-mail che sono in realtà *spammose* e per niente utili alla tua trasformazione.

Elimina, quindi, tutte le notifiche dal cellulare che non siano strettamente necessarie, fai lo stesso con i vari *social network*, le app e tutto ciò che ti distrarrebbe dal tuo obiettivo!

Delega tutti, ma proprio tutti i compiti di basso valore, anche se in quel momento ti sembra di avere tempo! Quanto vale guardarsi un video formativo, leggere un libro utile alla tua crescita personale, approfondire un tema per il tuo *business*, cercare di ispirarsi?

Per me queste attività hanno fatto tutta la differenza nei risultati che ho raggiunto. Ho delegato tutto quello che si poteva delegare (a breve vedremo invece come imprenditore cosa è meglio non delegare) e non mi occupo più di svolgere compiti che hanno un impatto di valore minimo nella mia azienda e nella vita personale, mai più!

La Regola dei "2 minuti" per la produttività

Fino ad ora abbiamo visto quanto essere in Focus, e non essere disturbati durante lo svolgimento delle tue attività quotidiane di valore non delegabili, sia importante per la tua azienda ma questo deve essere coniugato con "**La Regola dei 2 minuti**".

Vuoi aumentare la tua produttività di anche 10 volte? Ecco il segreto. **Svolgi immediatamente, senza rimandare, tutte le attività che per essere terminate ti occupano meno di 2 minuti.** Quante volte, sia a lavoro sia nella vita privata, rimandi delle azioni da compiere? A me capitava spessissimo e accumulavo tantissime attività da svolgere che, essendo diventate tantissime, non le riuscivo più a evadere.

Poi, un giorno mi sono imbattuto in questa regola, a dire il vero non ricordo bene dove l'ho sentita, ma la stessa ha cambiato letteralmente la mia produttività andando a **ridurre drasticamente i miei impegni**, ripeto drasticamente! Fai un atto di fede e inizia subito a seguire questa regola. Ne riparliamo tra qualche giorno.

Dopo averla interiorizzata e dopo aver visto l'impatto devastante sulla mia vita, ho condiviso la regola dei due minuti anche con Simone Forte il mio amico e socio; la regola ha avuto un impatto incredibile anche nella sua vita e nella sua produttività aziendale e lui stesso mi ringrazia ogni giorno per avergliela trasmessa.

È una regola che cerco di far diventare un pilastro per tutti i miei collaboratori più stretti. Quante volte rimandi a un altro momento una comunicazione, un'azione o il dare un feedback a un collaboratore? Questa regola per funzionare bene deve diventare parte di te sia a lavoro sia nella tua vita privata.

Tutte queste piccole attività non svolte nell'immediato e rimandate al futuro restano in una parte della tua mente e ogni tanto bussano, creando un po' di ansia. Si tratta spesso di attività poco piacevoli, per cui ogni volta si ripresenta lo stesso malessere, occupando anche *spazio in memoria*!

Devi essere libero di poterti concentrare e restare in *focus*.
Quindi, quando non sei concentrato su altre questioni importanti e di valore superiore (*Quadrante II della Matrice di Covey*) applica sempre la *Regola dei 2 minuti* e mentre svolgi quel compito, che richiederà davvero pochissimo del tuo tempo, ripeti nella tua mente, credimi che funziona, "La Regola dei 2 minuti"; ti sentirai incredibilmente bene per vari motivi.

Il primo sta nel fatto che starai apportando un miglioramento al tuo modo di essere; poi perché avrai un'attività in meno da svolgere e meno memoria occupata nella tua mente, riducendo di conseguenza il tuo senso di malessere.

Se pensi che questo può capitare anche 10 o 20 volte al giorno, puoi ben comprendere che valore possa avere per te e per l'aumento della tua produttività applicare questa regola.

Io applico questa regola personalmente anche nella mia vita privata e, se ad esempio devo svolgere qualche attività che vorrei rimandare anche se sono distrutto, mi ripeto "La regola dei 2 minuti" e incredibilmente dopo qualche secondo è tutto al proprio posto: **sono libero e mi sento meglio**!

Non ci crederai ma gli imprenditori di successo lavorano quotidianamente per essere in equilibrio con sé stessi. Per fare ciò, devono essere molto disciplinati sul lavoro e nella vita privata e ricorda: **se ti dai una regola devi applicarla. La disciplina è come un muscolo, va allenata per fare la differenza.**

Quanto maggiore è il tempo che passi nel **"Quadrante II. Non Urgente-Importante"**, tanto più maggiore sarà la tua **crescita.**

Le procedure (per trasformarti in azienda)

Tra le attività comprese in questo quadrante sicuramente possiamo inserire la **preparazione delle procedure** che, come abbiamo già detto, è fondamentale per creare uno **standard** minimo dei tuoi servizi, in modo da poter **delegare ai tuoi collaboratori tali attività** e poter **scalare** il tuo *business*.

Stai attento perché, nella fase immediatamente successiva all'implementazione delle procedure, proverai una sensazione di paura. Ciò accade perché, se fino a oggi eri abituato ad avere tutto sotto il tuo controllo, adesso dovrai abituarti a fidarti delle deleghe che hai conferito e preoccuparti soltanto di intraprendere le giuste verifiche del lavoro svolto.

Se stai leggendo questo libro, però, è perché hai il desiderio di scalare il tuo *business* e, pertanto, ti consiglio di accettare la possibilità che inizialmente si possa verificare un sensibile calo della qualità dei tuoi servizi.

Poi, siamo sinceri: credi davvero di essere il migliore dei migliori nel tuo campo? Ho lavorato nelle più grandi società di consulenza al mondo, ho frequentato i *Master* più prestigiosi, la migliore università d'Italia in economia e, credimi, tranne pochi casi, e io non ero tra questi, ho trovato sempre persone mediamente normali, proprio come lo sono anche io.

Quindi smettila di sentirti un supereroe. Questo atteggiamento sbagliato ti ha portato fino ad ora ad essere soltanto schiavo del tempo e a non riuscire a scalare il tuo *business*. D'ora in poi devi cominciare a ragionare da imprenditore. Ma cosa significa scrivere una procedura?

Nella mia attività imprenditoriale, ne abbiamo scritte decine e decine e in ogni settore dell'azienda e per ogni argomento. Le procedure possono riguardare *"come si accoglie un cliente"*, *"come si svolge l'appuntamento"*, definire quali siano i documenti da chiedere prima di fissare un appuntamento, come archiviarli, a chi inviare una email per un determinato problema, quale oggetto usare, a quale testo fare riferimento, come redigere un documento, che dati inserirvi, come passare da una idea di *marketing* alla predisposizione dei post su *Facebook* e alla creazione dei *funnels*, e così via…

Adesso ti farò un esempio per comprendere perché sono importanti le procedure e le deleghe per scalare il *business*, mentre, proprio a tal fine, non contano quasi nulla le tue competenze professionali.

Stai leggendo questo libro perché mi conosci direttamente, conosci il mio percorso o perché, grazie al *marketing* che ho effettuato in questi anni, lo hai trovato interessante? Eppure, non sapevi se era un libro di valore!

Soltanto adesso che stai leggendo potresti esprimere un giudizio sull'utilità o meno di questo volume. Sei arrivato qui per il marketing, non per le mie competenze!

I tuoi prossimi clienti verranno da te non per le tue competenze professionali ma solo grazie al marketing; per scalare il tuo *business*, i clienti dovranno essere seguiti dai tuoi collaboratori ai quali avrai delegato quasi tutte le attività, grazie alle procedure aziendali da te create.

Queste ultime ti permetteranno di erogare servizi secondo standard aziendali che cercherai di migliorare, giorno dopo giorno, grazie agli errori e alle modifiche che apporterai e alle procedure da te stabilite.

Anche mia moglie Alina Quintana si sta trasformando da professionista a imprenditrice. All'inizio andava solo lei in sala da ballo a fare lezione nei corsi di danza classica alle donne "No Under 40". Poi, un po' alla volta ha iniziato a creare delle procedure su come svolgere una lezione.

Ha stabilito procedure sull'accoglienza, su che domande fare, su come correggere le donne negli esercizi, su come far sistemare in sala le donne, su come dividere gli esercizi nelle varie fasi, su come sistemare l'audio e i microfoni, su che musica mettere e quale canzone per quale esercizio e tutto questo per iscritto!

Questa è una procedura che, accompagnata alla formazione iniziale delle insegnanti alle quali sono state delegate le lezioni in sala, ha creato uno standard di qualità della lezione, sempre in miglioramento.

Adesso il *business* di Alina è pronto a scalare il mercato, infatti, quando arriveranno altre insegnanti, potranno partire da una procedura scritta già esistente accompagnata dalla formazione di inserimento che sarà effettuata, a questo punto, non più necessariamente da Alina, ma dalle prime insegnanti formate e delegate, o *Dance Teacher*, come le chiama lei.

Ti ho fatto questo esempio, lontano dal mio mondo, proprio per farti comprendere che per scalare il *business* è necessario avere in ogni attività di qualunque professione (quindi anche la tua) una **procedura scritta** che sia **chiara e comprensibile** ai tuoi collaboratori attuali e futuri per poter delegare loro tutte le attività aziendali.

Come Superare i 6 blocchi principali della Delega

Create le procedure aziendali, sei a metà dell'opera! Le procedure ti serviranno a inquadrare con chiarezza tutti i passaggi di ogni attività ed evitare di compiere le stesse azioni come se fosse sempre la prima volta; ti permetteranno, inoltre, di iniziare a delegare e liberare il tuo tempo per dedicarlo agli aspetti più importanti del *business*. **Ma come si delega?**

Prima di tutto credo **si possa delegare solo se si conosce la materia da delegare, altrimenti non stiamo delegando ma ci stiamo affidando**, ed è del tutto diverso, senza alcuna possibilità di controllo e verifica consapevole su come l'attività viene svolta, se in modo corretto e secondo risultati medi attesi.

Pertanto, dovrai **studiare** quelle **materie** e quegli **argomenti** che fino ad ora avevi **sottovalutato** perché li affidavi ad altri soggetti... Questo capita moltissimo ai professionisti che, essendo specializzati, tendono a occuparsi solo delle materie di loro competenza o affini.

Per scalare il *business* e delegare ad altri, dovrai studiare materie quali il *marketing*, la *comunicazione*, i *funnels*, l'uso dei *social network*, la *fiscalità*, gli *aspetti legali*, i *bilanci aziendali*, l'uso delle *K.P.I.*, gli *strumenti* e i *software* aziendali.

Dovrai trasformarti, come già detto all'inizio del libro, da **"Professionista Specializzato"** a **"Tuttologo Esperto"**.

I grandi imprenditori dominano tutte queste materie, anche perché con l'esperienza imparerai che le nozioni che davvero ti servono sono soltanto i capisaldi di ogni argomento che ti ho elencato e non certo i dettagli ai quali dovrà pensarci il collaboratore o professionista da te delegato.

Io ho attuato quello che ti sto dicendo spingendomi anche a sedermi per ore accanto ai programmatori per creare i software della società. Perché devi essere un "**Tuttologo Esperto**"? Ti faccio un esempio. Hai un'attività florida che è ancora in fase di crescita; lavori tanto e alla fine dell'anno realizzi un utile di 200.000€.

E se ti dicessi che con le giuste conoscenze tecniche, magari diverse dalle tue, ad esempio in materia tributaria (ovviamente se sei un commercialista non è l'esempio per te), apprese tramite alcuni *webinar online*, alcuni corsi o consulenti, potresti risparmiare o comunque ritardare il pagamento di 70.000€ di imposte in un solo anno? Immagina di effettuare questa operazione per 5 anni, quanto sarebbe il tuo risparmio?

Avrai ben **350.000€ in più in tasca**! Sai che investimenti potresti fare con questa cifra e come potresti trasformarla anche in 1 milione di euro? Una cifra del genere che **vantaggio competitivo** sul mercato ti darebbe rispetto alle tue aziende concorrenti?

Ti faccio un altro esempio: grazie ai **crediti d'imposta**, previsti a una normativa italiana, un investimento in determinato periodo ti può costare invece che 100.000€ esattamente la metà; sai cosa significa per la tua azienda questo risparmio?

Se avevi messo a budget una spesa di 100.000€ avrai due effetti; o potrai spendere la metà risparmiando 50.000€, oppure potrai mantenere lo stesso budget di spesa ottenendo un investimento doppio.

I grandi imprenditori utilizzano leve del genere, in vari settori, per crescere o per difendersi, cosa che si può attuare soltanto dominando quantomeno i capisaldi delle stesse. Quanto può valere aver registrato nel modo corretto i propri marchi?

Magari per evitare che i *competitor* ti possano copiare? Quanto può valere un programmatore o un software che ti riduce i tempi di esecuzione di un processo o i margini di errore dello stesso?

Se non ne comprendi le possibilità e non domini i capisaldi di questa materia, come potrai guidare il programmatore verso i tuoi desideri?

Sono solo alcuni esempi dei tantissimi che potrei farti. Alla base di tutto c'è che non puoi prescindere dall'**essere dannatamente curioso** di tutto ciò che circonda la tua azienda. Ormai, data la tua esperienza e conoscenza della materia in cui sei specializzato, le opportunità più importanti che faranno la differenza nel tuo *business* non le coglierai nel tuo settore di competenza, ma al contrario negli altri ambiti della tua azienda per te sconosciuti.

È lì che dovrai crescere, migliorare e scoprire nuove leve per scalare il tuo *business*. Oltretutto, così facendo, **arricchirai** te stesso e la tua azienda con nuove competenze che ti permetteranno di crescere e ampliare il tuo bagaglio tecnico e culturale permettendoti di avere una **visione a 360° del mondo** che ti circonda. Scoprirai che fino ad ora hai vissuto in un mondo in cui avevi solo una visione parziale delle cose.

A me è capitato che con il passare del tempo, ampliando sempre più le mie conoscenze su materie e argomenti completamente diversi da quelle che erano le mie competenze professionali specifiche, sono diventato una persona molto più curiosa: qualità che sta apportando molto più valore alla mia azienda.

I 6 blocchi principali per cui un professionista non delega.

Ho ascoltato tantissimi professionisti ai vari convegni e durante i miei *speech* agli eventi cui partecipavo come ospite. I loro blocchi derivavano dalle solite **false credenze** di cui anche io ero stato vittima in passato:

1) **Come lo faccio io non lo fa nessuno.**

Se sei davvero così bravo, perché non insegni ai tuoi collaboratori a "farlo" così da poter finalmente scalare il tuo *business*? L'atteggiamento del professionista è di sentirsi il più preparato. Al contrario, quello dell'imprenditore è di avere più collaboratori preparati possibili ai quali delegare le tasks.

Ti sembra possibile che la stragrande maggioranza dei professionisti pensino di essere i più bravi e preparati nel loro settore? Io stesso, trasformandomi "Da Professionista a

Imprenditore", ho abbandonato del tutto questa convinzione limitante e ho iniziato a ragionare sullo standard del servizio che eroghiamo!

Se trovo un professionista che pensa di essere il più bravo (magari lo è davvero) lo assumo come collaboratore, tanto non sarà mai un imprenditore. Capisci quanto sia importante questo cambio di paradigma?

2) Se delego, la qualità cala.
Questo blocco si verifica perché inizialmente la qualità potrebbe effettivamente calare, così come spiegato precedentemente.

Eppure, la tua scelta dovrà essere tra **avere 50 clienti che segui tu da solo o 1.000 clienti che segue la tua azienda**. Se preferisci avere 1.000 clienti dovrai iniziare con l'accettare un possibile calo legato alla qualità del servizio erogato dalla tua azienda.

Con il tempo, grazie al miglioramento delle procedure e delle deleghe ai collaboratori giusti, la qualità del servizio migliorerà e, con essa, il suo standard con il vantaggio che la qualità media del servizio non dipenderà più da te o da come si sente quel giorno quel collaboratore. Se non superi questo blocco non potrai mai avere 1.000 clienti!

3) Ci metto più a spiegarlo che a farlo.

Questo blocco è una vera falsa credenza che non ti permetterà mai di scalare il tuo *business* perché limiterà enormemente la tua capacità di delega. Inoltre, come visto precedentemente quando abbiamo trattato della gestione del tempo, focalizzerà la tua attenzione nello spenderne tantissimo nel terzo quadrante della *Matrice di Covey* "Urgente non importante".

Quindi svolgerai spessissimo attività di poco valore per la tua azienda che potresti delegare ai tuoi collaboratori. **Lavora di più oggi, scrivi la procedura e forma i collaboratori!** Ne otterrai solo vantaggi: risparmierai centinaia di ore, potrai avere tanti collaboratori e riuscirai a gestire tantissimi clienti in più.

4) Nel mio *business* è difficile perché i clienti vogliono sempre me.

me. Anche questa affermazione è fuorviante ma in questo il ragionamento è controintuitivo.

Anche io avevo questo blocco o falsa credenza. All'inizio del tuo percorso di trasformazione potrà sicuramente capitare che alcuni clienti preferiscano parlare con il "capo" inteso quale volto e protagonista delle campagne di marketing.

In poco tempo, quanto più diventerai grande, riconosciuto e presente sui *social network*, autore di un libro ben pubblicizzato, tanto meno i clienti chiederanno di te! Ti sembra impossibile ma è esattamente quello che è successo nel mio caso, come in quello di tutti i professionisti che intraprendono questa strada di trasformazione.

Ormai io non incontro più direttamente i clienti, ma pensa che sono loro stessi a non chiedere più di me, pur riconoscendo in me il volto dell'azienda attraverso le attività di *marketing*. Ciò è avvenuto anche grazie al lavoro di comunicazione in cui ci siamo presentati sempre come azienda e non come professionista specializzato.

In tal modo ciò che appare ai clienti è la grande organizzazione aziendale e non la capacità del singolo professionista specializzato. Pertanto, sono gli stessi clienti a rendersi conto che sarebbe complicato parlare direttamente con me. Tant'è vero che i pochissimi messaggi diretti che ricevo soprattutto su *LinkedIn* mi dicono: *"So che è molto impegnato potrebbe farmi contattare?"*.

È proprio controintuitivo, ma più crescerai come azienda e meno i clienti avranno la pretesa di parlare direttamente con te.

5) **Se spiego tutto ai miei collaboratori "mi rubano" il mestiere e se ne vanno**. Questo blocco denota grande insicurezza che non deve esistere per un imprenditore. Anche qui ti consiglio di spostare l'attenzione dal valore dell'"Io" professionista al valore "Azienda".

Qualora un collaboratore volesse copiarti, nella vita aziendale ciò può capitare in ogni momento, resterà sempre un professionista. Tu ormai sarai, e sei, un imprenditore e potrai trovare tranquillamente altri collaboratori ai quali trasferire velocemente le tue procedure e non far soffrire la tua azienda del cambio di collaboratore.

Anche nella mia azienda è accaduto tante volte che dei collaboratori abbiano fatto scelte diverse e siano andati via o, in altri casi, sono stato io stesso a decidere di cambiare, ma ciò non ha influito sul mio *business* grazie alle procedure e alla capacità acquisita di delegare.

Inoltre, sei così sicuro che tutti i collaboratori che ti copiano e che vanno via dalla tua azienda abbiano la voglia di mettersi seriamente in gioco, così come stai facendo tu? Quando è capitato a noi, quasi sempre tali collaboratori hanno creato dei *business* piccolissimi e, soprattutto, del tutto ininfluenti per la nostra attività.

Aggiungo poi un mio personale pensiero.
Quando è capitato che un collaboratore abbia deciso di proseguire da solo la nostra attività aziendale, dopo aver investito su di lui ore e ore di formazione pagata dall'azienda, pur essendo dispiaciuti, abbiamo augurato al collaboratore andato via ogni successo nella vita, perché crediamo che tutti debbano crescere e tendere al miglioramento del proprio status. **Non** per questo devi **avere paura di investire sulle persone.**

In azienda porto sempre avanti questo valore facendo questo esempio: abbiamo investito ad oggi almeno 200.000€ in formazione. Se tutti i collaboratori domani se ne dovessero andare, quell'energia e quell'anima resterebbe comunque in azienda e anche il primo nuovo collaboratore la sentirebbe come sua.

Per questo non avere paura, investire nella formazione e sui collaboratori della tua azienda sarà sempre più importante di qualche collaboratore che andrà via.

6) **Non ho la forza economica per assumere collaboratori a cui delegare.** Questo blocco deriva spesso dalla scarsa conoscenza dei numeri aziendali. Ti faccio un esempio. Oggi assumi un collaboratore che ti costa 2.000€ al mese e che può seguirti tutto quello che per te è di basso valore: attività di segreteria, piccole incombenze o anche l'ordinaria gestione di clienti.

Il nuovo collaboratore ti libera 3 ore al giorno da queste attività che gli hai affidato. Ciò significa che in un mese le ore libere per te ammonteranno a quasi una settimana.

Con questo tempo libero accumulato potrai decidere di approfondire un tema, studiare un nuovo mercato o nuove strategie di marketing che, nel giro di uno, due o anche tre mesi, ti portano uno, due, tre o dieci clienti in più per aumentare ad esempio il tuo fatturato di 30.000€ all'anno.

La forza economica non devi sempre misurarla nel singolo mese, ma la devi rapportare a un'analisi di costi-benefici che, spesso, già nel breve termine si traduce in un aumento di fatturato.

Come Delegare e le 3 fasi della Delega

Una volta eliminati i blocchi dalla tua attività di imprenditore diviene importantissimo, per scalare il tuo *business*, porsi un'altra domanda: **Cosa posso delegare?**

La risposta che, personalmente, ho dato a questa domanda e che ha fatto scalare il mio *business* è: "**Tutto, o quasi tutto!**".

Inizia a delegare le attività di basso valore, non svolgerle mai più personalmente, anche se in quel momento ne dovessi avere il tempo.

Il tuo tempo vale tantissimo, non sprecarlo in attività di basso valore. Prosegui delegando le attività che svolgi personalmente nel migliore dei modi in quanto ti dovrebbe risultare da un lato più semplice e dall'altro ti libererà ancora di più il tempo. Sarà proprio il momento di staccarti dalle tue specifiche competenze professionali e allargare finalmente gli orizzonti.

Ricordati ancora: devi diventare un "Tuttologo Esperto". Alla domanda "cosa delegare" avrai notato che ho risposto "Quasi tutto". Le cose che non delegherei mai, infatti, sono sicuramente la gestione strategica del marketing e l'analisi delle *K.P.I.* aziendale.

Nella gestione strategica del marketing, infatti, si fa la promessa al cliente ideale e corrisponde all'anima della tua azienda; certamente un aspetto così importante non può essere completamente delegato a nessuno.

L'analisi delle *K.P.I.*, inoltre, ti permette di orientare le scelte economiche aziendali e anche di prevenire i cambiamenti dei cicli della tua azienda.

Hai appena scelto gli ambiti della delega, ma adesso hai un'altra questione da risolvere: come delegare?

Esistono tre fasi della delega: un prima, un durante e un dopo.

Nella prima fase è opportuno **far comprendere a ciascun delegato di quanto lui sia importante per la tua azienda**, qualsiasi sia il suo ruolo e le attività che svolgerà. Ciò perché ogni singola attività, ogni singolo flusso in un'azienda è concatenato a tutte le altre attività e ha sempre un impatto determinante in termini di fatturato sui risultati aziendali.

Pensiamo al ruolo della *receptionist*. In azienda dico sempre che un sorriso della *receptionist* ci ha portato negli stati Uniti d'America a ritirare un premio davanti ad altri 5.000 professionisti e imprenditori di tutto il mondo!

Starai pensando: "ma come, per un sorriso della receptionist?".
Sì, è proprio così e ora ti spiego il perché.
Immagina un cliente che entra in azienda e si trova di fronte una *receptionist* poco accogliente (magari errore nostro nel non aver individuato "il colore giusto della personalità" per la funzione, ma ne parleremo a breve).

Sai che impatto può avere sul fatturato? Sai quanti clienti avrebbero la percezione di essere nel posto sbagliato e, di conseguenza, decideranno di non diventare clienti della tua azienda perché non si sentono compresi e accolti?

Ricordati: **i clienti comprano quando si sentono capiti** e non quando comprendono te! Immagina l'impatto sul fatturato che ha un bel sorriso rispetto a una brutta accoglienza.
Lo stesso dicasi per l'abbigliamento. Ambiente trasandato o curato? Tutto si traduce in fatturato!

La seconda fase, quella del "durante" e quindi dello svolgimento della delega, consiste nell'istruire il delegato sulla procedura precedentemente scritta e su come svolgere l'attività. Qui il tuo scopo sarà fargli comprendere che il rispetto della procedura servirà e agevolerà l'erogazione di un servizio aziendale a uno standard predeterminato e atteso.

Ciò significa che il collaboratore dovrà attenersi il più possibile al rispetto delle procedure, non commettendo il classico errore del professionista di dire "So io come si fa".

Il delegato che non si attiene alle procedure **impatta**

negativamente sulla tua azienda per due motivi. Il **primo** perché la qualità di erogazione del servizio dipenderà dallo *stato emotivo* di quel giorno del *collaboratore* che potrà essere inferiore agli standard medi aziendali.

Il **secondo** impatto negativo è che gli altri *collaboratori* del delegato saranno *disorientati* dal *non rispetto delle procedure* da parte di quest'ultimo, riducendo anche lo standard della loro attività aziendale.

La **terza** fase, quella del dopo della delega, consiste nel *controllo dell'operato del collaboratore*. Il controllo dovrebbe, per quanto possibile, essere svolto tramite delle *K.P.I.* (*Key Performance Indicator*) quindi dei numeri oggettivi condivisi con il collaboratore delegato nella prima fase.

In tal modo egli stesso potrà avere nel durante il polso della situazione. Facciamo un paio di esempi di K.P.I. Il costo medio di acquisto di un *lead* per il *marketing*.

Il *tasso di conversione* delle vendite telefoniche o delle vendite da parte dei commerciali. Il numero di *attività medie svolte* durante un giorno, una settimana, un mese. Il numero di *risposte medie giornaliere* del servizio clienti.

Questi indicatori andranno poi analizzati con uno spirito critico di qualità e non solo in maniera fredda e matematica, ma saranno un'ottima base di partenza per il controllo della delega.

Ricordati, infatti, da un lato di controllare le K.P.I. e dall'altro l'operato del delegato. Poni sempre attenzione, inoltre, al fatto che le K.P.I. vanno rapportate sempre in funzione dei numeri, del tempo, della qualità a delle circostanze micro e macro-aziendali ed esterne.

2 Consigli extra per una buona Delega

Quando dai feedback o ti chiedono un consiglio per risolvere un problema insegni, mostri come si risolve o poni domande?

La sintesi del mio consiglio è la seguente: non permettere a nessun collaboratore di disturbarti o interrompere il tuo flusso di lavoro (ti ricordo che dopo ogni interruzione ci vogliono 20 minuti per rientrare in pieno focus) se quando viene non ha già pensato a una sua soluzione.

Per fare ciò il metodo infallibile è partire sempre ponendo al collaboratore un paio di domande; "secondo te qual è la soluzione adatta?". "Tu come faresti?" **Fai allenare la capacità di ragionamento dei tuoi collaboratori.**

Se, invece, pensando di risparmiare tempo, sarai tu a dare subito la soluzione al problema avrai due effetti negativi. Il primo è che non educherai i collaboratori a ragionare con la loro testa (a che serve la delega allora?).

Il secondo è che non li renderai indipendenti nelle scelte. Non sentirti contento di avere sempre la soluzione, sentiti contento di avere meno problemi e di avere collaboratori indipendenti, capaci di ragionare e con le soluzioni adeguate!

Ovviamente, questo cambio di paradigma all'inizio richiederà più tempo, ma se non dedichi tempo alla **formazione** e alla **crescita** dei **tuoi collaboratori** perderai sempre tantissime ore. Ti sentirai soffocato, improduttivo e nessun collaboratore diventerà mai indipendente.

Se vorrai lavorare meno domani, devi lavorare di più oggi. **Come deve essere il mio primo collaboratore? Di fiducia o tecnicamente preparatissimo?** Secondo me il primo collaboratore dovrà essere una persona di cui ti fidi ciecamente (con la pancia, gli daresti le chiavi di casa tua!).

Il concetto di fiducia è diverso da quello di affidabilità (preciso e puntuale). Il secondo, il terzo collaboratore e così via, invece, dovranno essere soprattutto molto tecnici e affidabili.

In azienda i collaboratori "tecnici" normalmente hanno un *turnover* alto, vanno e vengono e se le cose vanno male, vanno! Infatti, per il ruolo che svolgono, sono i più facilmente sostituibili.

Al contrario, il **collaboratore di fiducia** con cui riesci a stringere un rapporto più stretto, condividendo anche in maniera più importante la visione e il percorso aziendale, facendolo sentire importante, **varrà molto ma molto di più di tanti collaboratori solo "bravi" e "affidabili".**

Va da sé che il collaboratore di fiducia, normalmente, è quello che in azienda ha una vita più lunga. **L'azienda è come la vita!** Ha dei momenti di alti e bassi ma nei momenti difficili, che arriveranno, avrai bisogno del tuo **"Cerchio magico"** di collaboratori che guardano nella tua stessa direzione e che avranno la capacità di soffrire insieme a te!

P.S. Grazie Roberto Re

La Formula W.I.A.C. – La "C" – Commitment
Commitment: l'impegno, la dedizione e la costanza fanno la differenza nell'ottenere i risultati che necessiteranno sempre di tempo per essere raggiunti e consolidati.

Non basta avere l'"Intenzione" (*Intention*); non basta fare il passo più importante (che è il primo), l'Azione (*Action)*, ma serviranno l'Impegno, la Dedizione e la Costanza nel tempo.
Il *Commitment* consiste non solo nel superare le paure, grazie a intenzione e azione, ma rinunciare ad altro per focalizzarsi sul proprio obiettivo, da rafforzare sempre più col passare del tempo.

RIEPILOGO DEL CAPITOLO 3:

In questo Capitolo abbiamo analizzato i primi strumenti operativi e organizzativi per iniziare a scalare il tuo *business*:

• SEGRETO n. 12: tantissimi professionisti sono schiavi del proprio tempo perché non utilizzano la *Matrice di Covey*; concentrati sulle attività di pianificazione che si trovano nel quadrante II (Importante – Non Urgente) e ricorda che se vuoi lavorare meno domani, devi lavorare di più oggi!

• SEGRETO n. 13: per gestire 100 o 1.000 clienti devi implementare le *procedure scritte* di tutte le tue attività, in questo modo creerai gli standard minimi da te attesi, indipendentemente da chi erogherà il servizio

• SEGRETO n. 14: con le procedure scritte e gli standard ben determinati dovrai iniziare a delegare le tue attività partendo da quelle di meno valore intrinseco a quelle in cui sei specializzato; così libererai del tempo per concentrarti sul *governo delle persone* e non più sull'erogazione dei servizi.

• SEGRETO n. 15: lavora sempre in focus, evita di farti disturbare dai tuoi collaboratori in continuazione. Quando vengono da te con delle problematiche, non dare immediatamente soluzioni ma fai domande e chiedi loro di portarti soluzioni, così diventeranno sempre più indipendenti e autonomi.

Vai a questo link per scaricare la "Mappa della Trasformazione da professionista a imprenditore" www.carlocarmine.it/dpai/risorse.

Capitolo 4:
Come accelerare il tuo business

12 febbraio 2018

Passata da poco mezzanotte, aprii di nascosto sul cellulare la pagina web di *Amazon*. Digitai il nome di Alina Quintana e comparve il libro *Danza Classica No Under 40*!

Festeggiammo l'evento con emozione, anche se la vera festa fu il giorno dopo. Mi emozionai tantissimo perché avevo visto coi miei occhi concretizzarsi i sacrifici di Alina dei mesi precedenti. Per lei, che per inciso è madrelingua spagnola e non italiana (!), non fu una cosa semplice scrivere quel libro. Le paure di non farcela, le sveglie alle 05.30, l'aver scommesso tutto su quel libro.

Aver investito tutti i suoi risparmi accumulati con fatica, aver rinunciato al suo primo sogno di comprare una casa a Cuba, aver "pensato" di creare un metodo, il primo e unico al mondo, di danza classica per donne over 40 che non avevano mai danzato prima...

una follia! La danza classica o si inizia a 8 anni o è impossibile diventare una ballerina professionista!

Quante critiche ricevette Alina per l'uscita del libro e per il suo contenuto tanto rivoluzionario in un mondo da sempre molto conservatore come quello dei "Professionisti" della danza classica. È incredibile.

Quando si innova, così come abbiamo fatto noi con il nuovo modo di comunicare nel mondo legale, le critiche sono dietro l'angolo. Sapevamo benissimo che la pubblicazione del libro non era un traguardo, ma il vero inizio del percorso di Alina.

Il libro rappresentava il suo nuovo **"bigliettino da visita"** da cui partire per far conoscere il metodo *Danza Classica No Under 40* al mondo intero. Alina fece campagne di *advertising* sui *social network*, utilizzò i *funnels* e così arrivarono tante richieste di partecipare al primo corso in sala a Milano.

Alina aveva rinunciato in sole 24 ore a tutti i vecchi clienti del mondo latino-americano. In 24 ore! Stava ripartendo da zero senza certezze sul suo futuro ma con tantissimo entusiasmo!

Si recò in sala ad accogliere le prime 6 iscritte, tutte confermate telefonicamente. Che emozione, il sogno iniziava a concretizzarsi. Trascorsero 5 minuti, 20 minuti… non si presentò nessuna!
Che delusione! Ma Alina non si perse d'animo, continuò a investire in pubblicità, la settimana dopo e quella dopo ancora… eppure ancora nessuna si presentava ai corsi!

Io ero arrabbiatissimo, l'Universo non poteva fare questo. Mi chiamò dopo la terza lezione senza che nessuna donna si fosse presentata. Piangeva e piangeva. Ricordo come fosse ora cosa le dissi: "Amore, vuoi fare l'imprenditrice? Allora continua a investire. Hai fatto un ottimo lavoro. I risultati stanno per arrivare". Paga la sala anche se non viene nessuno.

Non stai spendendo soldi, li stai investendo. E così fu! Si presentarono le prime 2 allieve, di cui una in incognito, per riempire la sala, fu mia madre quasi sotto minaccia!

Poi arrivarono tre allieve, i corsi iniziarono a riempirsi e anche la stampa iniziò a interessarsi all'idea imprenditoriale di Alina. Pensi che i risultati erano arrivati per caso? No, assolutamente, li aveva costruiti giorno dopo giorno. Erano bastate volontà e intenzione?

No, anche questa risposta è negativa, perché era stata necessaria l'azione! Era bastato applicare tutto quello che aveva imparato ai corsi che frequentavamo? No. Era bastato avere costanza? No, perché quando arrivano i momenti difficili, e questi arrivano sempre, anche la costanza e l'impegno possono venire a mancare. Allora cos'è che fa davvero la differenza? Il tuo "Perché!".

Ne avrai sentito sicuramente parlare e può sembrare qualcosa di astratto. Eppure, non lo è per nulla. **Se non hai un forte "perché", quando arriveranno i momenti difficili e faticosi, quelli senza risultati, sarà facile mollare.** Quello che aveva salvato Alina e sempre la salverà è avere chiaro il proprio "perché". Ne parleremo a breve.

Nota di colore sulle date: il 12 febbraio, giorno di pubblicazione del libro di Alina, corrisponde all'anniversario di nozze dei suoi genitori e questo le ha fatto sentire che quel libro era come un ringraziamento per loro, per tutti i sacrifici che avevano fatto.

Il Libro come biglietto da visita

19 marzo 2018

Finalmente arrivò il mio giorno. Il mio primo libro pubblicato diventò *Best Seller* su *Amazon* in poche ore. Sono sincero, mi ero emozionato di più per Alina. Ero felice ma sapevo benissimo che era il **primo gradino di una scalinata molto lunga**.

Volevo prendermi non solo gli onori di vedermi autore su *Amazon*, ma soprattutto i risultati economici che ne sarebbero derivati per l'impatto che avrei avuto nel mio mercato.

Volevo prendermi quello che mi meritavo. Avevo una *vision* chiara di dove mi sarei voluto trovare da lì a un anno.

Quel giorno festeggiai ma fu solo una piccola sosta, come quando durante una maratona un atleta recupera un po' di acqua. Quello che posso dirti però è che da quel giorno sono diventato scrittore e autore *Best Seller* su *Amazon* e nessuno potrà mai più togliermi questo risultato e questo titolo.

Questo per dirti che quando raggiungi un risultato, sarà sempre un pezzetto della tua maratona; dipenderà da te percorrere un altro pezzo e non credere, come spessissimo sento dire ai tanti professionisti che mi scrivono e con cui parlo ai vari eventi, che basterà una singola tappa (ad esempio aver scritto un libro, aver imparato a utilizzare i *funnels*, aver partecipato a un corso) per farti arrivare in fondo.

Ricordati cosa ti ho detto… Sono tutti **pezzi di un** *puzzle* **più grande** che, però, devi mettere insieme nell'ordine giusto per raggiungere i risultati che meriti.

Mi sentivo già un imprenditore e per me il libro sarebbe stato uno strumento di *marketing* che mi avrebbe dato autorevolezza e posizionamento nel mio mercato di riferimento, non certo una fonte diretta di reddito tramite gli incassi derivanti dalla vendita delle copie.

Un concetto espresso con molta chiarezza da Giacomo Bruno durante il suo corso sulla scrittura del libro che io e Alina facemmo subito nostro. Infatti, fu proprio con lui, diventato ormai il mio editore, che decidemmo di lasciare il libro scaricabile gratuitamente da *Amazon* in modo che più persone possibili potessero conoscermi.

Ad ora, incredibilmente a distanza di oltre due anni, capita spesso (anche oggi mentre sto scrivendo) che quel libro **Liberati da Equitalia** e il secondo libro che ho scritto l'anno dopo **Difendi i Tuoi Soldi per Sempre con il Trust**, siano il primo e il secondo in classifica dei libri più scaricati, quasi a farsi concorrenza, nella sezione "Diritto" di *Amazon* tra i testi scaricabili gratuitamente!

Ovviamente, anche in questo caso, non c'è nulla di casuale. Continuo a spingerli con il *marketing* e grazie all'editore ad aggiornarli continuamente, anche se sono scaricabili gratuitamente e, di conseguenza, non ci guadagno alcuna *royalty* direttamente! Secondo i dati dell'editore un *libro scaricabile gratis* è letto tra le 20 e le 50 volte in più di uno a pagamento.

Su questi numeri così importanti, quanti di questi lettori sono diventati miei clienti? Tantissimi!

Altra nota di colore sulle date. Finalmente anche io in famiglia avrei potuto festeggiare qualcosa il 19 marzo, dopo ben 43 anni! Insieme alla Festa del Papà, l'onomastico di mia madre e il compleanno di mia sorella, adesso festeggiamo anche l'uscita del mio primo *Best Seller*.

Eventi potenzianti

21-24 marzo 2018 Orlando, Florida, Stati Uniti d'America.

Il solo scrivere questa data e questo luogo mi dà un'energia tremenda. Avevo comprato insieme all'Accademia per scrivere il libro con Giacomo Bruno anche i biglietti per andare all'evento *"Funnel Hacking Live 2018"* uno degli eventi di *marketing* più importanti al mondo e in particolar modo dell'inventore del *Funnel Marketing, Russell Brunson*.

Ci sarebbero stati 3.000 professionisti, *marketer* e imprenditori provenienti da tutto il mondo. Fu sconvolgente, a tratti scioccante! Dal diritto al *funnel marketing*, due mondi così distanti, raggiunti e toccati in un colpo solo e in pochissimo tempo. Entrammo in sala e c'era musica da discoteca al massimo volume!

Sembrava proprio una di quelle convention di "esaltati americani" ma per me, invece, era pura energia. Toccavo con mano il senso del **"se vuoi... puoi"**, un ambiente composto da tante persone che "Volevano farcela".

Fu un'edizione indimenticabile, perché alcuni italiani presero il premio **"Two Comma Club"** per aver raggiunto almeno un milione di dollari di fatturato utilizzando i *funnels* e la piattaforma di *ClickFunnels*.

Salirono sul palco sia Giacomo Bruno sia Michele Tampieri e Alessandro Bentivoglio con cui avevo "studiato". Furono un orgoglio e una spinta a emularli incredibili. Anche io mi ripromisi di salire su quel palco il più presto possibile. Non avevo più paura di nulla.

Avevo capito che non mi mancava nulla e che avevo tutto per raggiungere quello che volevo, non mi sarei più posto limiti.

Lo stesso devi fare tu! Si tratta solo di volerlo, di agire con costanza e impegno e sorretto da un forte "perché"! Al *Funnel Hacking Live*

2018 feci amicizia con i migliori *marketers* ed esperti di settore italiani. Tutte persone davvero in gamba e davvero preparate nei loro rispettivi campi.

Oltre a Giacomo Bruno, Michele Tampieri e Alessandro Bentivoglio c'erano Mik Cosentino, Marco de Veglia e Antonio Panico. Fu per me davvero una bella contaminazione.

Andai a *Orlando* insieme ad Angelo Fasola, allora il nostro direttore commerciale. Sì, avevamo assunto come società nei servizi legali un direttore commerciale, volevamo proprio rompere ogni schema e rivoluzionare quel settore in cui una figura del genere non era mai esistita. Quei 4 giorni furono incredibili.

Capii davvero che l'unico limite al nostro futuro siamo noi stessi. Ogni ora che passava avevo sempre più voglia di mangiarmi il mondo. Scrivevo e prendevo appunti. Guardavo e osservavo ogni cosa. Musica potenziante che non ci lasciava mai. Avrei rivoluzionato il mondo legale, saremmo diventati la prima azienda legale fondata sul marketing in Italia.

L'evento terminò con 3 ore di *performance* di **Anthony Robbins**. Fu la prima volta che assistevo a un suo evento e realizzai che la leggenda era vera! Quando entra lui in sala la temperatura della stessa viene abbassata a 18 gradi, a riscaldarti ci pensa lui. Fu davvero potenziante e lasciò il segno nella mia psiche.

Ero agli inizi, ma sapevo che con i sacrifici e i giusti strumenti avrei superato tutti. Quando senti forte il fuoco dentro di te, alimentalo ogni giorno e non permettere a nessuno di farlo affievolire o spegnere. Puoi davvero raggiungere quello che vuoi, dipende solo ed esclusivamente da te.

Il tuo futuro non arriva da solo, il tuo futuro lo costruisci. Non oggi ma ora, in questo istante. Sono le tue scelte e le tue azioni di questo momento che creano il tuo futuro. Tornammo in Italia, ma su quell'aereo dalla *Florida*, Stati Uniti d'America nacque un altro progetto incredibile.

Angelo Fasola si era appassionato negli ultimi mesi alla nuovissima materia della *blockchain*, cosa che aveva casualmente interessato anche me. Angelo sapeva che ero esperto di **Trust**, si avvicinò a me e disse: "Potremmo immaginare di usare la *blockchain* per i *Trust*, così da registrare le operazioni in modo sicuro?". Inizialmente ascoltai con attenzione le sue idee, anche se mi sembravano dei pensieri da "professionista".

Ascoltando il suo discorso e ancora pieno di quella energia "americana" mi venne un'idea; lo guardai e dopo una breve pausa gli risposi: "Vieni qui, adesso ti spiego io come possiamo usare la *blockchain* e i *Trust*, congiuntamente, ma in modo imprenditoriale". Trascorremmo 7 ore in piedi a fare ragionamenti, pieni di emozione ed entusiasmo.

Da quel confronto di idee e grazie all'entusiasmo che ci portavamo dietro dal corso appena terminato nacque **TrustMeUp**! Ma per questo ci vorrebbe un altro libro… Rientrai a Milano e i primi giorni facevo fatica a dormire per l'adrenalina accumulata in *Florida*.

Studiavo, guardavo nuovi software, scrivevo procedure, implementavo i nuovi *funnels* con Giovanni Perilli, buttavo giù numeri e impostavo le *K.P.I.* aziendali. A questo si aggiungevano le giornate trascorse al corso *"Da Manager a Leader"* e le serate mensili della "Community Osa".

La forza dell'allineamento della coppia

Furono giorni difficili tra me e Alina. Avevo troppa adrenalina, parlavo con troppa forza, avevo voglia di fare e non mi stancavo mai di lavorare e approfondire tutti i concetti nuovi che stavo acquisendo. In quel periodo così intenso sembrava ci stessimo disallineando.

Discutemmo, con calma, di quello che stava accadendo e scoprii che Alina aveva paura della mia crescita repentina. Temeva che tutto questo ci avrebbe allontanato.

Mi resi conto che avrei dovuto comprendere i suoi sentimenti e le spiegai che tutti i passi che avrei percorso, tutte le cose che avrei imparato, le avrei condivise sempre con lei ma che non avrei potuto rallentare la mia corsa verso ciò che sentivo di meritarmi.

Sentivo che il mio ultimo treno stava passando, avendo ormai compiuto 43 primavere! Non mi sarei fermato, ma il viaggio lo avremmo fatto insieme. Così riprendemmo lentamente il nostro equilibrio iniziando a sognare insieme e ad ispirarci a vicenda.

Cercai di trasmetterle tutte le sensazioni che avevo e stavo vivendo. Volevo che anche lei le sentisse insieme a me e le riversasse nel suo progetto di "Danza Classica No Under 40". Da allora non ci siamo più disallineati, ma ogni passo lo condividiamo sostenendoci e spronandoci a vicenda per raggiungere quello che meritiamo.

Condividi sempre le tue emozioni, desideri e sogni con la tua dolce metà e se ne hai bisogno chiedi serenamente "aiuto": il viaggio è meraviglioso ma c'è bisogno di reciproco sostegno!

Da lì a qualche giorno arrivò il primo evento in cui sarei salito sul palco a raccontare i miei primissimi successi. L'evento era una premiazione che si teneva a Rimini, il *"Funnel Marketing Live"* di Michele Tampieri e Alessandro Bentivoglio.

Davanti a 300 professionisti e imprenditori diedi una breve testimonianza: sarebbe stato solo l'inizio! Mi si avvicinarono tante persone a chiedere consigli e scoprii che con il mio *speech* le avevo ispirate e questa sensazione mi riempiva e appagava.

Probabilmente riuscii a ispirare altre persone perché io per primo so quanto la vita sia difficile e so anche quanta frustrazione c'è in ognuno di noi.

Per cui, chi mi ascoltava si identificava nella mia storia e ne traeva ispirazione per superare i miei stessi blocchi e limiti. Condividere con gli altri il mio percorso di trasformazione da professionista a imprenditore per superare questi blocchi e sentirsi liberi di andarsi a prendere quello che meritiamo è bellissimo.

Spero davvero che questo libro possa ispirare anche te a vivere la vita con il fuoco dentro, in condivisione con la tua dolce metà, e ricca di traguardi che ti stanno solo aspettando.

I 5 elementi del Personal Branding

Avevo incontrato Gianluca Lo Stimolo, *Business Celebrity Builder* (la sua etichetta), durante l'evento di Roberto Re a Milano, il *Business Leader Day* dell'11 novembre 2017.

Mi aveva colpito moltissimo il suo intervento sul *Personal Branding* e durante l'evento riuscii brevemente a confrontarmi con lui sugli argomenti da lui trattati.

Gli dissi: "Gianluca, complimenti per il tuo intervento, ci sentiremo a breve. Oggi ancora non siamo pronti perché nel frattempo sto costruendo e preparando i processi e le procedure aziendali per preparare la società a scalare il *business*". Così fu.

Era passato qualche mese da quel giorno e a inizio del 2018 la società era pronta ad accelerare e incrementare la propria clientela e presenza sul mercato. In quasi tre ore di colloquio pianificammo l'attività che avrei dovuto svolgere nei mesi successivi, ma mi disse una cosa chiara: "Il **Personal Branding** non è una attività momentanea, va alimentata in continuazione e **non avrà più fine**".

Con l'esperienza vissuta in questi due anni posso aggiungerti che il *Personal Branding*, così come tutto quello che stai leggendo e leggerai in questo libro, è un percorso di trasformazione prima personale e poi professionale.

Il significato del Personal Branding, secondo quello che mi ha insegnato Gianluca Lo Stimolo, è l'insieme delle strategie e tattiche di *marketing*, *branding* e *comunicazione* atte a creare una forte associazione mentale tra una nostra competenza specifica (pensa a noi che ci occupavamo di ricorsi avverso Agenzie delle entrate Riscossione), rilevante per un pubblico (imprenditori con problemi legati al fisco), e la nostra persona, in modo da essere considerati come la prima risposta utile per quella precisa materia (risolvere problemi con il fisco).

Si parte quindi dalla scelta di questa competenza (legale e nello specifico contenzioso tributario avverso gli enti di riscossione) per strutturare e poi affermare la propria *"promessa al mercato"* (aiutarli a risolvere il problema con il fisco).

Da questa dipende infatti l'aspettativa che generiamo e la nostra vera reputazione. Una promessa al mercato ben congegnata prevede un minimo di tre elementi:

1. **A chi ci rivolgiamo** (il nostro pubblico privilegiato).
2. **Quale risultato promettiamo di far ottenere**.
3. **In che modo lo facciamo** (attraverso quali tecniche e modalità).

Per esempio, la promessa al mercato di Gianluca Lo Stimolo è: *"Aiuto imprenditori e professionisti a diventare volti noti del loro settore, attraverso strategie e tecniche di personal branding"*. Invece, la promessa al mercato della nostra azienda è: *"Aiutiamo, da oltre 15 anni, imprenditori e professionisti a tutelare le proprie aziende e i propri patrimoni, attraverso ricorsi legali avverso Agenzia delle Entrate Riscossione, la Ex Equitalia"*.

Questa, infine, è la promessa al mercato di mia moglie Alina: *"Aiuto donne over 40, che non hanno mai danzato prima, a realizzare il proprio sogno della danza classica attraverso il Metodo Danza Classica No Under 40"*.

Il **primo elemento** del Personal Branding è **metterci la faccia**. Non bisogna comunicare un messaggio di marketing rappresentato da uno studio professionale o da una società, ma è fondamentale, per dare credibilità al mercato, comunicare attraverso una "Faccia", un "Viso", un "Volto" e una "Persona".

Navigando su *Facebook* vedo tantissimi post sponsorizzati dove non appare mai un viso, mai una persona che veicoli il proprio messaggio, ma solo immagini finte e asettiche. I clienti hanno bisogno di sapere di chi fidarsi e, magari, di chi non fidarsi. Un volto da apprezzare o da criticare.

Eppure, durante i miei incontri, sento molti professionisti affermare: "Io non posso comparire con il mio volto, perché la società è più importante!".

La verità però è sempre la stessa e te l'ho già ripetuta più volte. La maggioranza dei professionisti ha **paura di esporsi**, teme il giudizio degli altri, ha terrore di essere criticato e di tutto ciò che un video può comportare di negativo.

Sono esattamente le stesse sensazioni, gli stessi blocchi e le stesse paure di quel giorno in cui decisi di compromettermi, decisi di alzare la mano e di agire in quello stesso istante.

Il **secondo elemento** del *personal branding* è avere ben chiara la tua **nicchia di mercato**. Infatti, non bisogna confondere il mercato in cui lavori con la tua nicchia di mercato! Un paio di esempi potranno chiarirti questo concetto.

Sei un *commercialista*, un *consulente del lavoro*, un *avvocato*: comunichi al mondo intero i tuoi servizi (mercato), o ti rivolgi alla specifica categoria degli edicolanti, dei ristoratori, degli albergatori, dei tassisti, dei proprietari di lidi balneari, dei medici e così via (nicchie di mercato)?

Comunicare come fa la stragrande maggioranza dei professionisti di essere *esperti* di *diritto civile*, *tributario*, del *lavoro*, cosa significa? È un messaggio troppo generico e che non ti distingue dalla massa. Trovare oggi la propria nicchia di mercato alla quale comunicare è fondamentale.

Abbiamo già affrontato l'argomento nel Capitolo 2 di questo libro quando, trattando l'esigenza di diventare *Tuttologo Esperto*, abbiamo visto quanto sia importante parlare alle persone giuste, realizzando un chiaro e performante *identikit* del *target* ideale.

Riallacciandomi proprio a quel contenuto, ti accompagno in una riflessione: secondo te, un soggetto appartenente a una nicchia di mercato che non è detto sia numericamente ed economicamente di poco valore, si rivolgerà a un professionista che comunica alla massa o a un professionista che si rivolge proprio alla specifica categoria di appartenenza?

Già immagino la tua obiezione nel pensare di limitare il tuo grande mercato a una piccola nicchia. Starai pensando che con questa comunicazione le persone che non appartengono a quella nicchia non si rivolgeranno più a te.

Ti sbagli, comunicare a una nicchia di mercato non significa escludere la possibilità di avere clienti di altre nicchie, eppure una scelta va fatta! Vuoi distinguerti dalla massa dei tuoi concorrenti ed essere riconoscibile? Se la risposta è sì (ovviamente), l'unico modo per raggiungere questo obiettivo è scegliere una nicchia di mercato, a te congeniale e alla quale potrai portare valore, e concentrare la tua comunicazione verso di essa.

Forse ti sfugge che spesso le stesse nicchie di mercato sono economicamente e numericamente molto grandi, motivo per il quale a volte è opportuno rivolgersi verso delle **sotto-nicchie**.

Alina, ad esempio, avrebbe potuto rivolgersi all'intero mercato della danza classica ma ha scelto una nicchia (donne) e una relativa sotto-nicchia (over 40) e ancora, scendendo più in dettaglio, donne che non avevano mai danzato prima!

Questa scelta così chirurgica della nicchia di mercato e ancora meglio della sotto nicchia, da un lato ha posizionato Alina come esperta e conoscitrice nel dettaglio dei problemi e delle esigenze delle persone che si sentono di appartenere a quel segmento di mercato, dall'altro non ha precluso a donne non appartenenti esattamente a quella nicchia di avvicinarsi ugualmente ai corsi di Alina.

Per farti comprendere numericamente la sotto-nicchia in cui si concentra la comunicazione di Alina, solo in Italia si tratta di qualche milione di persone. Un altro esempio riguarda la mia azienda.

Noi non comunichiamo a tutte le persone (contribuenti in generale) che hanno problemi con il Fisco di qualunque importo (mercato), ma solo a imprenditori (nicchia) con problemi con Agenzia delle Entrate Riscossioni (la ex-Equitalia) relativamente a debiti maggiori di 100.000€ (sotto-nicchia).

Credimi, non per questo tanti contribuenti persone fisiche (non imprenditori) e con debiti inferiori a 100.000 non ci contattano.

Nel nostro caso avremmo potuto comunicare a una sotto nicchia ancora più specifica, come quella degli imprenditori del settore alberghiero con debiti con il Fisco maggiori di 500.000€ derivanti dalla vendita degli *hotel*, non ci sarebbe stato alcun problema.

Se tu, infatti, fossi un albergatore con un debito importante con il Fisco, derivante proprio dalla vendita dei tuoi *hotel*, ti sentiresti più capito da chi comunica presentandosi come esperto di quei problemi specifici o un consulente genericamente esperto di contenzioso tributario?

Rivolgersi a una nicchia è obbligatorio per qualunque professionista o imprenditore. La nicchia potrà essere numericamente più o meno grande, a seconda del momento in cui decidi di comunicare a un determinato mercato e anche dallo stato di concorrenza presente, ma non preoccuparti perché potrai sempre individuare delle sotto nicchie che, come abbiamo visto, possono essere ricchissime sia numericamente sia economicamente.

Sulla nicchia e sotto-nicchia di mercato potremmo parlare per ore. Spero comunque che questi esempi ti siano stati chiari per comprendere che dovrai, oggi stesso, lavorare all'individuazione della tua nicchia o sotto-nicchia di mercato e comunicare esclusivamente da essa.

Dovrai farlo in modo da essere considerato come la prima risposta utile per quella precisa materia e potrai finalmente iniziare a scalare il tuo *business*.

Il **terzo elemento** del personal branding è avere un'**etichetta**. Avere un'etichetta significa come **essere riconosciuto dal pubblico**! Pensa a una delle etichette degli ultimi anni più riuscita nel mondo professionale, quella dell'"Escapologo Fiscale".

Resta impressa nella mente e rende immediatamente l'idea dell'attività svolta, del problema risolto o esigenza soddisfatta per una determinata nicchia di mercato.

Individuammo la mia etichetta ne "**Il Difensore Patrimoniale**". Non volevo legarmi troppo alla istituzione del Fisco o alla figura di ex Equitalia, anche perché con la nostra seconda società aiutiamo gli imprenditori a tutelare il loro patrimonio attraverso lo strumento giuridico del Trust, su cui come saprai avrei scritto un secondo libro da lì a 12 mesi.

Per Alina, invece, individuammo l'etichetta di "**Dance Coach**". A mio avviso l'etichetta, considerando che rappresenterà l'essenza del tuo essere, dovrà consistere da un lato in un messaggio forte con cui individui con semplicità e immediatezza il valore aggiunto che porti alla tua nicchia di mercato, dall'altro dovrà rispecchiare anche i tuoi valori.

Il **quarto elemento** del *personal branding* è avvalersi di un **ufficio stampa** e comunicare attraverso i *media*, nuovi e tradizionali, le riviste e la tv. Magari in questo momento ti starai chiedendo… "Quanti clienti, appartenenti alla tua nicchia di mercato, vedono oggi la tv o leggono i giornali?". Fammi immaginare: "non molti" starai pensando.

Allora perché fare pubblicità in tv, comparire su un giornale, in radio o in un salotto televisivo se apparentemente pochissimi clienti vedrebbero il tuo messaggio? La risposta controintuitiva è che potrai utilizzare e veicolare quei contenuti specialmente sui *social network*, compreso *YouTube* e sul tuo sito *internet*.

Così facendo, potrai far crescere il tuo *posizionamento* e la tua autorevolezza agli occhi del mercato in cui hai deciso di cimentarti con almeno un paio di effetti positivi sul tuo fatturato.

Il primo consiste nel poter avere più clienti grazie a una percezione, da parte di questi ultimi, di una tua maggiore autorevolezza; il secondo sta nella possibilità di influire positivamente su un incremento del prezzo dei tuoi servizi o prodotti, senza variare nella qualità degli stessi.

I classici media sono ancora quelli che danno autorevolezza, anche se seguiti da meno spettatori rispetto al passato. Ancora sentiamo dire: "Ho letto l'articolo di quel professionista su quel giornale", "L'ho visto in tv", "L'ho ascoltato in quella trasmissione radio". Quindi, anche se la tua nicchia di mercato "consuma" poco questi canali, sarà ancora sensibile a queste "certificazioni".

L'*ufficio stampa* ti permetterà di amplificare la diffusione del tuo messaggio e, magari, avere qualche spazio o ospitata gratuita sui media tradizionali, ma come ti ho già detto, **"Investire è fondamentale per comprare tempo"**.

Non puoi aspettare che un giorno qualcuno ti possa notare o si interessi a te. Chissà quando e se accadrà. Governa la tua azienda e investi nella comunicazione. Solo così sarai tu a decidere come e quando comparire sui media, utilizzare i contenuti sui nuovi *social network*, aumentare la tua autorevolezza e posizionamento e, come visto prima, fatturare di più.

I soldi comprano tempo, la risorsa più scarsa che esiste e quella che ha più valore. Ti ricordo, come sempre, che tutto quello che stai leggendo nei capitoli di questo libro, utilizzato singolarmente non porterà mai ai risultati sperati. Sarà necessario utilizzare questi concetti contemporaneamente, andando a ricomporre il puzzle nella sua interezza.

Quanto costa pubblicare un articolo su un giornale o ricevere un'intervista? Almeno un paio di migliaia di euro se parliamo di quotidiani importanti nazionali. Ne vale la pena? La risposta dammela tu. L'articolo o l'intervista, pubblicati sulle tue pagine social e sul tuo sito *internet* o mostrati come rassegna stampa ai tuoi clienti durante gli appuntamenti, ti permetteranno, entro 12 mesi, di ricavare almeno 2.000€ in più?

Se la risposta è sì, significa che ne sarà valsa assolutamente la pena. Io ragiono sempre in questo modo e i risultati sono quelli che ti sto raccontando. Ricorda però che sarà sempre un insieme di cose a farti trasformare da professionista a imprenditore e a farti scalare un *business*.

P.S. Inutile dire che anche l'ufficio stampa ha un costo!

Il **quinto elemento** del *personal branding* è **la cura della tua immagine** personale nel *business*. Questo è un aspetto al quale tengo tantissimo. Nel percorso con Gianluca Lo Stimolo ho avuto anche una *consulenza di immagine*.

Sinceramente ho sempre fatto attenzione alla mia immagine, ma posso dirti che una consulenza tecnica in questo campo ti fa comprendere che certe attenzioni, che magari tu avevi in maniera naturale, rispondono a dei canoni estetici ben definiti.

Pensa che anche l'uso di determinati colori su ognuno di noi potrà esprimere uno specifico messaggio che dovrà essere in linea con la nostra "etichetta" e coerente con la nostra promessa al mercato. La *consulenza di immagine* dello *staff* di Gianluca Lo Stimolo è stata utilissima in quanto durante la stessa ho appreso tante nozioni su come curare la mia immagine di fronte ai clienti, in video o su un palco.

L'ho ritenuta talmente valida che l'ho utilizzata anche per tutti i nostri collaboratori allo scopo di allinearli allo standard d'immagine della nostra azienda.

I 3 errori da non commettere sul tuo profilo Facebook
Ti voglio parlare adesso di un aspetto tremendamente sottovalutato da tantissimi professionisti. L'immagine che traspare dal loro profilo *Facebook* o *LinkedIn*. Non pensare che non sia un

argomento fondamentale per il tuo *business* perché sui *social network* ci sono tutti e, ripeto, tutti i tuoi clienti.

Se stai leggendo questo libro è perché hai voglia di trasformarti "Da Professionista a Imprenditore" e scalare il tuo *business*. Pertanto ci sono scelte da fare. Ti deve essere chiaro, ad esempio, che il tuo profilo *Facebook* è la vetrina attraverso cui sarai intercettato dal tuo cliente ideale quando cercherà informazioni su di te. Non ti deve servire per interagire con i tuoi amici o familiari. Dovrai trasformarti da *content consumer* a *content producer*.

1.   Il **primo errore** da non commettere riguarda **l'immagine** del **profilo**. Dovrai avere foto professionali e che aiutino il tuo cliente ideale a inquadrare che tipo di persona sei e che valori esprimi. Pertanto, usa una tua foto da solo e con un taglio dei capelli professionale. Evita foto di profilo con la famiglia, a torso nudo, del cane o gatto, di un fiore o di una macchina!

2.   Il **secondo errore** è quello di non porre attenzione alla **descrizione** del tuo stato del **profilo**. Dovrà essere come una piccola biografia che descriva le tue competenze professionali e i

tuoi valori.

3.   Il **terzo errore** riguarda i contenuti foto, video e post. Evita di parlare di politica, religione e sport. Il tuo potenziale cliente potrebbe pensarla in maniera diversa. Siamo su *Facebook*: per fare *business* non per esprimere opinioni su ogni cosa. Qualunque cosa tu faccia e possa pensare, hai ragione ma se vuoi fare *business* devi assumere un altro modo di comunicare e presentarti.

Dovrai curare tantissimo il tuo profilo e fare attenzione a ciascuna delle cose di cui ti ho parlato. Dovranno essere tutte in linea con il servizio che offri e con il tuo mercato o meglio la nicchia di mercato alla quale ti rivolgi.

Se ad esempio stai cercando un medico e ne trovi due che sembrerebbero fare al caso tuo, ma per approfondire e stabilire un contatto "empatico" li cerchi su *Facebook*, sceglierai il primo che magari ti lascia perplesso per quello che esprime, sia verbalmente che in foto pubblicate sul suo profilo, o l'ipotetico secondo che è palesemente in linea con il ruolo che ricopre (che nulla ha a che vedere con la vita intima e reale di entrambi che probabilmente sarà la stessa) e si esprime sempre in maniera professionale con una cura della biografia che lascia evincere degli aspetti importanti del suo percorso formativo, magari riportando articoli di giornale che parlano di lui e della sua attività.

Sono certo che la tua scelta cadrà sul secondo medico, proprio perché ti hanno colpito i contenuti che aveva pubblicato sul suo profilo *Facebook*. Oggi, sia *Facebook* che *LinkedIn* (come anche Instagram e *Youtube*) sono la nostra vetrina e il nostro curriculum.

Prova a dare un'occhiata ai miei profili e dimmi cosa ne pensi www.carlocarmine.it/facebook e www.carlocarmine.it/linkedin.

I 4 pilastri del Mentoring

Ti ho parlato di come i soldi comprano tempo! Ti ho detto che per me è stato così e la frase che sempre mi ripeto non è la classica "quanto costa e quanto devo spendere per questo corso, video corso, *coaching*, consulenza o *mentoring*" ma "**investendo questi soldi quanto tempo prima inizierò a guadagnare di più e ad avere più clienti?**".

Esistono diversi metodi per acquisire o approfondire delle competenze che ti permettono di accelerare il tuo *business* (seguire un corso, un videocorso, fare una consulenza, ricevere una sessione di coaching) ma secondo me il metodo migliore è **individuare un mentore** e affidarsi a lui.

Il **Mentore** è quella persona che da un lato **ha raggiunto** esattamente i **risultati** che **vorresti raggiungere** tu oggi, e non parlo solo di quelli economici, dall'altro è colui che verosimilmente è **partito** dal **livello** in cui ti **trovi tu adesso**.

È una persona che ha acquisito l'esperienza studiando e formandosi ma principalmente commettendo errori; eppure è riuscito a risolverli. Un formatore o un *coach*, al contrario, sono normalmente "neutrali" rispetto al tuo percorso di partenza e di arrivo. Pensa ai *Mental Coach* per gli sportivi.

Possono aiutare sportivi in tutti i campi e non per questo sono a loro volta stati campioni di quella disciplina, magari non l'hanno mai neanche praticata. Affrontiamo ora i 4 pilastri della *Mentorship*.

1) **Chi scegliere** come mentore: il tuo Mentore, aspetto spesso sottovalutato, deve essere **allineato** ai **tuoi valori** perché non potresti ottenere i suoi stessi risultati seguendo la sua strada se non si addice al tuo essere interiore; deve essere una persona che ha **ottenuto risultati** nella tua **stessa "area di provenienza"**.

Pertanto, se sei un professionista e vuoi trasformarti in imprenditore, dovrai avere come mentore un imprenditore che ha percorso i tuoi stessi passi. Deve essere una persona che ha raggiunto i risultati che oggi tu vorresti raggiungere, ma **non troppo distante** dai tuoi, ma solo uno o due gradini più in su.

Pensaci: avere, oggi che parti, Bill Gates come mentore ti servirebbe a poco perché ti parlerebbe di livelli oggi troppo alti e che in assenza di strumenti sarebbero difficili da comprendere. Inoltre, dovrà essere **schietto** e **diretto**, quindi meglio se lontano dalla tua cerchia familiare o di amicizie.

2) **Cosa apprendere** dal mentore: ti mostrerà la via più corretta, ti indicherà gli errori che lui stesso ha commesso e che potrai evitare di fare, potrà consigliarti sul tuo *business* e darti

indicazioni con una visione d'insieme che oggi a te manca e mostrarti il prossimo passo.

3) **Come apprendere** dal mentore: i modi sono tantissimi, potresti partire dal seguire i suoi *video online*, i suoi *podcast* o leggere i suoi libri (cosa che io ho fatto all'inizio con tanti miei mentori) per poi passare a iscriverti a dei corsi *online* o dal vivo o a delle *membership*; se poi invece vuoi dare il turbo al tua apprendimento e comprare tempo non ti resta che verificare la possibilità di avere incontri *one to one* o comunque di partecipare a delle sessioni importanti di gruppo (*mastermind*).

4) **2 valori aggiunti** extra del mentore: seguire un mentore ha due vantaggi enormi che soli potrebbero dare un cambio radicale alla tua trasformazione. Il primo è la possibilità di accedere al networking del tuo mentore che come potrai immaginare è sicuramente un asset di valore importantissimo; il secondo è che lo stesso mentore potrebbe riscontrare in te e nel tuo *business* una grande opportunità di investimento, d'altronde ti conosce e probabilmente vede già quello che tu non vedi.

Il Reverse Mentoring, una novità

Durante il mio percorso di trasformazione ho compreso con forza che un altro paradigma andava cambiato. I professionisti normalmente guardano ai giovani come persone alle quali insegnare, cosa assolutamente vera ma, spesso, lo fanno con tanta supponenza, con quel senso di "Io sono" e "Tu impara che non ho tempo da perdere".

All'epoca dei *social network*, o delle piattaforme *online* che cambiano alla velocità della luce, i giovani possono (o meglio) devono diventare i nostri "mentori" e da loro possiamo ricevere tantissimo valore.

Pertanto ascoltali bene e prendi spunto. Hanno una visione d'insieme sulla tecnologia, sul mondo dei *social network* (attualmente nostra fonte principale per cercare e trovare clienti) e in genere sul mondo di oggi che tu non hai e non potresti avere.

Conosci il funzionamento di *TikTok, Triller, Twitch* e così via? Credo di no, ma comunque i prossimi clienti probabilmente dovrai intercettarli proprio su queste piattaforme *social*. Accerchiati di tanti giovani e dai loro importanza, poi con la tua esperienza e con gli strumenti acquisiti nel tempo potrai fare la giusta sintesi. Ti dico sempre quello che faccio io, in particolar modo nel settore del *marketing*.

Non è un concetto teorico ma una modalità di azione che ho già sperimentato con successo, come oggi ti sto raccontando in questo libro. **Il paradosso è che più sono giovani e meglio è!**

P.S. Grazie Russell Brunson, Gianluca Lo Stimolo, Anthony Robbins.

RIEPILOGO DEL CAPITOLO 4:

In questo Capitolo abbiamo analizzato gli strumenti che ti permetteranno di accelerare la tua trasformazione da professionista a imprenditore:

- SEGRETO n. 16: scrivi un libro sulla tua attività inserendo tutte le conoscenze acquisite negli anni e concentrandoti sul valore che potrai apportare al tuo cliente ideale; il libro ti servirà come biglietto da visita dandoti immediata autorevolezza.

- SEGRETO n. 17: il percorso di trasformazione "Da Professionista a Imprenditore" richiede tantissima *energia, focus* e *costanza*, pertanto un allineamento di coppia è fondamentale per evitare di guardare in direzioni opposte e disperdere energie.

- SEGRETO n. 18: trovarsi un mentore che abbia già realizzato i risultati che vorresti raggiungere tu è il modo migliore di accelerare il tuo processo di trasformazione.

- SEGRETO n. 19: il *reverse mentoring* viene applicato sempre di più dai grandi imprenditori; dai sempre importanza ai giovani, hanno una visuale sui nuovi strumenti e sulle tecnologie legate al mondo dei *social network* che tu non puoi avere; con la giusta sintesi e grazie alla tua esperienza possono essere fondamentali per innovare la tua azienda e per innovare il tuo settore.

- SEGRETO n 20: ricorda che se vuoi scalare il tuo *business*, il tuo profilo *social* (*Facebook* o *Instagram*) dovrà essere utile ai tuoi clienti ideali quando cercheranno informazioni su di te.

- SEGRETO n. 21: metti la tua "faccia" nella comunicazione perché i clienti cercano persone a cui affidarsi e non generiche società o studi professionali.

Vai a questo link per scaricare la "Mappa della Trasformazione da professionista a imprenditore" www.carlocarmine.it/dpai/risorse.

Capitolo 5:
Come analizzare i risultati ottenuti

I mesi che vanno da aprile 2018 a dicembre 2018 furono una vera cavalcata. Stavo acquisendo un'infinità di nozioni, mi sentivo sempre più in focus. Ero concentrato su due aspetti: il primo era la mia crescita personale e il secondo era il far decollare il *marketing* con i *funnels* e quindi aumentare, dando sempre più valore, il numero dei clienti e di conseguenza il fatturato della mia azienda. Non conoscevo sosta, ma l'adrenalina mi aiutava.

Come utilizzare le K.P.I. (Key Performance Indicator)
Furono mesi in cui mi concentrai molto sui software aziendali e sulla possibilità di controllo delle varie funzioni con le *K.P.I.* (*Key Performance Indicator*).

Avevo sempre meno tempo e quindi avevo sempre più bisogno di strumenti di controllo del mio *business*. Insieme al nostro programmatore creammo un sistema che mi permetteva di conoscere, in *real time* anche da *smartphone*, il numero di *lead*, le conversioni in percentuali da *lead* in appuntamento, le consulenze vendute, il numero di appuntamenti, le conversioni in percentuali da appuntamenti in pratiche chiuse, il valore medio delle pratiche, il tutto diviso per singolo difensore patrimoniale (il nostro consulente commerciale) e, per ogni avvocato che svolgeva l'appuntamento, in base alle fasce di debito con il Fisco degli imprenditori e tanti, tanti altri dati.

Come ti dicevo, per fare questo lavoro non puoi affidarti completamente a un tecnico: devi conoscere come si gestiscono i numeri, di quali numeri hai bisogno, a cosa questi ultimi ti serviranno e comprendere, anche solo un minimo, come funziona e ragiona quel software (è solo questione di applicazione e curiosità).

Solo allora potrai delegare e non affidarti a un tecnico.
Credo che siamo tra i pochi nel mondo legale in Italia ad avere un programmatore interno! Ricorda che senza numeri e controllo degli stessi non esiste un'azienda.
Aggiungo che quando i numeri crescono e diventano più complessi

hai bisogno di strumenti adatti a verificarli.

Un semplice foglio Excel, utilissimo all'inizio del percorso, non sarà più sufficiente. Cosa fare, poi, con le *K.P.I.* in azienda è fondamentale saperlo, ma per farlo ti spiego un concetto determinante: **il principio di Pareto**.

Il 20% che dà l'80% – Il principio di Pareto

Il principio di Pareto, anche noto come "**L**egge **80/20**" prende il nome dall'economista e sociologo italiano *Vilfredo Pareto* (1848-1923) e afferma che circa il 20% delle cause provoca l'80% degli effetti o meglio, che **puoi ottenere l'80% del risultato con il 20% dello sforzo**.

Parlando di azienda possiamo affermare che l'obiettivo della regola scoperta da Pareto è di raggiungere il maggior risultato con il minor sforzo.

Il professionista tende a raggiungere il 100% del risultato inteso, a volte, come ricerca della perfezione. Purtroppo, però, superato un certo livello di servizio o di qualità, cercare di aumentarla solo dell'1% potrebbe richiedere un 10% di sforzo in più.

Ma quanto costa quel "10%" di sforzo in più in ottica di investimenti economici, di tempo, di personale e di altre risorse rispetto a un miglioramento della *performance* (fatturato, qualità prodotto, numeri di clienti gestiti) del solo 1%?

In azienda, quindi, è necessario conoscere bene la legge dell'80/20 comprendendo che, per scalare un *business*, è opportuno concentrare le proprie energie su quel 20% di attività che daranno l'80% del risultato.

Con il resto delle energie risparmiate, poi, ci si potrà concentrare sull'erogazione (miglioramento) di altri servizi, sempre nell'ottica di ottenere un più che soddisfacente 80%.

Alcuni esempi della legge 80/20:
l'80% delle ricchezze è in mano al 20% della popolazione;
il 20% dei venditori fa l'80% delle vendite;
l'80% dei costi è determinato dal 20% delle attività svolte.

Ovviamente, il 20% che dà l'80% non è una formula matematica perfetta, ma capirai bene che rappresenta un principio fondamentale per iniziare a trasformare la tua "professione" in azienda. Da questo momento in poi dovrai smetterla di ricercare la perfezione e iniziare a concentrarti sull'80% dei risultati e finalmente scalare il tuo *business*.

Potremmo anche dire, ritornando alla *Matrice di Covey*, che nel quadrante II (Importante – Non Urgente) dovremmo inserire tutte le attività su cui concentrare i nostri sforzi; attività che saranno capaci di darci l'80% del risultato massimo atteso.

Al contrario, dovremmo inserire nel Quadrante IV (Non Importante – Non Urgente) le attività di ricerca della perfezione che assorbiranno l'80% dei nostri sforzi per darci solo il 20% del risultato massimo atteso, facendoci perdere solo tempo ed energia.

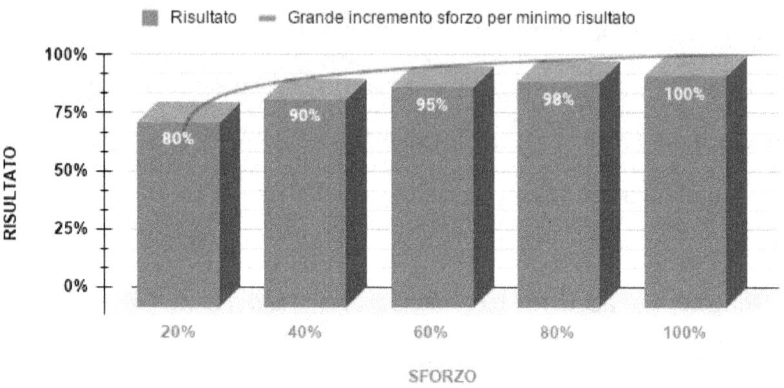

A metà anno, o meglio verso settembre 2018, feci un'analisi verificando i numeri e le percentuali delle nostre *K.P.I.* della durata di 5 minuti, forse anche meno. Decisi di verificare come utilizzare il *principio di Pareto* o meglio la legge 80/20.

Immediatamente notai che il nostro fatturato di quei mesi era composto per il 25% da pratiche con onorario sotto i 2.000€ e il 75% da pratiche con onorario più alto. Ma quel 25% di fatturato assorbiva quasi il 45% del totale delle pratiche gestite; quindi l'azienda era impegnata per poco meno della metà del lavoro da pratiche di basso valore economico.

A questo punto, in meno di 5 minuti decisi di alzare il costo della pratica minima del 50% e passò da 2.000 a 3.000€. Il ragionamento fu il seguente: meglio rinunciare al 25% del fatturato (che gravava per il 45% di lavoro), per concentrarci su clienti più grandi che valgono comunque il 75% del fatturato.

Con i soldi risparmiati dalla struttura per gestire le pratiche piccole, possiamo **investire in comunicazione** per cercare di attrarre proprio i clienti più grandi. Questo lavoro lo abbiamo fatto ogni sei mesi. Aggiungo che sapevo che comunque non avremmo perso tutto il potenziale 25% di pratiche piccole perché alcuni clienti avrebbero comunque accettato di pagare la pratica anche 3.000€.

Ovviamente, bisogna essere costantemente concentrati a migliorare il servizio, l'esperienza del cliente con l'azienda e i risultati attesi.

A settembre del 2017, all'inizio del mio percorso di trasformazione **"Da Professionista a Imprenditore"**, il costo minimo delle nostre pratiche era di 2.500€ con un valore medio delle stesse di 3.500€. A distanza di poco meno di 3 anni siamo arrivati a un costo minimo di 10.500€ (rispetto ai 2.500€) con un valore medio delle pratiche di 19.000€ (rispetto ai 3.500€).

I numeri sono fondamentali per incrementare il valore del tuo lavoro e per prendere le giuste decisioni in maniera precisa e velocemente.

Come vedi, concentrarsi su quello che ti rende di più può avere effetti incredibili, ma spesso il professionista tende a voler raggiungere un risultato del 100%, vuole essere perfetto!

Un errore da non commettere. La perfezione non esiste e quel miglioramento che stai cercando potrebbe, come spesso accade, rallentare o persino bloccare definitivamente i tuoi piani. Se vuoi scalare il tuo *business* devi abbandonare l'utopia della perfezione e concentrarti sulle cose che danno il massimo risultato (*Principio di Pareto*).

Questo processo di aumentare il prezzo minimo delle pratiche grandi, liberando risorse economiche, ci ha permesso di incrementare gli investimenti in tutti i reparti aziendali. Anche per gli uffici abbiamo fatto cambiamenti incredibili.

In quei mesi ci trasferimmo praticamente a San Babila, in corso Europa, pieno centro di Milano. Se vuoi clienti importanti un po' alla volta devi fare in modo che tutto sia coerente e congruente con il prezzo che chiedi, anche gli uffici. Bisogna **essere credibili** e sono tanti gli aspetti da curare avendo come faro l'esperienza del cliente.

I 2 modi di Governare il tuo Business

Tu conosci i numeri della tua attività o pensi di conoscerli? Fai molta attenzione perché spesso i professionisti viaggiano a sensazioni, non conoscendo i numeri fondamentali della loro azienda. "Penso", "credo", "immagino", ma i numeri ti stupiscono sempre e ti fanno capire tante cose.

Gli imprenditori governano le aziende con i "cruscotti" delle *K.P.I.*, non con le sensazioni. Pensa che dopo aver analizzato le nostre *K.P.I.* facevo una riunione con i miei soci e chiedevo di dirmi cosa immaginavano. Erano lontani anni luce dalla realtà!

A volte sbagliavano per difetto, a volte per eccesso e molto spesso con idee lontanissime uno dall'altro. Erano percezioni che in azienda valgono zero. Oggi, quando chiedo se hanno idea di come vanno le cose, in un determinato settore dell'azienda hanno chiaro che si risponde solo con i numeri perché, come dico sempre, **con le sensazioni non si mangia!**

Un altro esempio di uso delle K.P.I.

Grazie al software da noi sviluppato internamente, possiamo monitorare ogni appuntamento svolto con il cliente in funzione del valore del preventivo e in funzione di ogni avvocato che vi partecipa. In questo modo riusciamo a monitorare la performance di ogni avvocato in funzione di alcune fasce di debito dei clienti con il fisco da noi stabilite.

Ci sono periodi in cui un avvocato va molto meglio di un altro e così nel mese successivo entrerà nella fascia degli appuntamenti più importanti o viceversa.

Ricorda che **ogni numero ha un impatto sul fatturato**. Se durante un anno un avvocato, su 100 appuntamenti svolti con il costo medio della pratica di 19.000€ (nel nostro caso), rende il 10% in più o in meno significa che per l'azienda saranno 190.000€ in più o in meno di fatturato! (10% per 100 appuntamenti per 19.000€).

Pensa, in questo esempio ogni punto percentuale di conversione in più o in meno degli appuntamenti svolti impatterà per ben 19.000€ di fatturato in più o in meno!

Come prevedere il futuro con i numeri

I numeri, se sotto controllo, possono prevedere il tuo fatturato partendo dagli *investimenti della pubblicità*, passando per il *numero di lead*, per il *numero di consulenze*, per il *numero di pratiche*, per il *valore della pratica media*.

Esempio:

1.   Investo 10.000€ al mese in pubblicità su Fb con i *funnels*.

2.   So, guardando i dati storici degli ultimi 6 mesi, che il mio costo storico di acquisizione dei lead, quindi del cliente che mi lascia il suo indirizzo e-mail, è pari a 4€ – se inizio adesso posso comunque fare una stima di costi.

3.   Vorrà dire che mi aspetto al mese 2.500 lead (10.000€

investiti diviso 4€ di costo storico per ogni lead).

4.   Di questi lead so che il 5% (sempre dati storici o previsionali) si trasformerà in clienti che svolgeranno una consulenza gratis, quindi avrò 125 consulenze (5% di 2.500 lead) (in questo esempio ipotizzo che siano gratuite).

5.   Di queste consulenze gratuite so che il 25% si trasforma in una pratica chiusa a pagamento, quindi avrò 31 pratiche (25% di 125), che a un valore medio, ad esempio di 2.000€, corrispondono a un fatturato mensile di 62.000€.

A questo punto potrei dirti di aumentare l'investimento del doppio e fatturare il doppio! Ma fai attenzione a un aspetto… Riusciresti nel caso di raddoppio della clientela a gestire non più 125 consulenze al mese ma ben 250? Hai la struttura adatta in termini di spazi e personale adatto a svolgerle?

Inoltre, riusciresti a gestire non più 31 pratiche al mese ma 62? La tua struttura è pronta? È solo un piccolissimo esempio, abbastanza semplificato e sul quale si potrebbero fare tantissimi ragionamenti, ma credimi, nella nostra azienda, a volte non abbiamo potuto spingere sul *marketing* in determinati specifici periodi, non tanto perché non avevamo la capacità economica di investimento, ma perché i numeri ci dicevano che non avremmo avuto la struttura per assorbire il numero di appuntamenti e poi di pratiche.

Nessuna sensazione, ma numeri! **Le K.P.I. sono come una bussola in mezzo al mare, le leggi e ti guidano.**

Non accelerare se non hai il governo dei numeri che hai generato perché, come diceva una vecchia pubblicità, *"La potenza è nulla senza il controllo"* e, per assurdo, potresti causare gravi danni al tuo *business* con una crescita non controllata e improvvisa della clientela.

RIEPILOGO DEL CAPITOLO 5:

In questo Capitolo abbiamo analizzato gli strumenti che ti permetteranno di controllare l'andamento della tua attività e di disperdere meno energie possibili:

• SEGRETO n. 22: per diventare un imprenditore devi preparare e conoscere bene le *K.P.I.* (*Key Performance Indicator*) della tua attività; ti aiuteranno a gestire la tua azienda in modo chiaro e preciso e saranno utili per comprendere l'andamento della tua attività e per prendere decisioni importanti.

• SEGRETO n. 23: i professionisti cercano spesso la perfezione mentre gli imprenditori si concentrano sul 20% dello sforzo che permette di ottenere l'80% dei risultati.

• SEGRETO n. 24: non gestire mai la tua attività in base alle sensazioni; prendi decisioni sempre e solo dopo un'attenta analisi dei numeri.

Vai a questo link per scaricare la "Mappa della Trasformazione da professionista a imprenditore" www.carlocarmine.it/dpai/risorse.

Capitolo 6:
Come gestire la crescita aziendale

Gennaio 2019-Dicembre 2019

Sul finire del 2018 partecipai anche, insieme ad Alina e grazie all'invito di Giacomo Bruno, a un evento davvero potenziante di Roberto Cerè dal titolo "Strategie per Coach" a Montecarlo. Furono cinque giorni straordinari che, senza alcun dubbio, respirano nelle pagine e nelle parole di questo libro.

Era incredibile, l'azienda cresceva, prendeva sempre di più le sue forme, si strutturava meglio, ma c'era un "ma". Poco prima della fine del 2018 iniziai a sentire che qualcosa non andava.

Lo stesso disallineamento che avevo vissuto con Alina al mio rientro dagli *Stati Uniti* lo stavo vivendo con i miei soci. La differenza è che con Alina lo fermammo sul nascere riuscendo poi a condividere tutto il viaggio insieme.

Con i miei soci, invece, questo non accadde. In quel periodo, infatti, come potrai immaginare il tempo che trascorrevo con loro, considerando tutto quello di cui mi occupavo, era davvero poco.

A ciò devi aggiungere che tutto questo viaggio di trasformazione da professionista a imprenditore l'ho effettuato vivendo a Barcellona e rientrando a Milano solo alcuni giorni della settimana. Con i miei soci ci stavamo allontanando e sentivo che anche dentro di noi guardavamo in altre direzioni.

Io ero perfettamente consapevole di tutto ciò che stava accadendo, essendo io stesso il motore e il timoniere, mentre i miei soci vivevano tutto in maniera più indiretta, meno consapevole e restando ancorati ai vecchi schemi da professionista.

Decidemmo di porre rimedio a questo disallineamento e organizzammo con il team di Roberto Re un incontro tra noi soci e due membri del direttivo dell'azienda.

Come location scegliemmo **Montecarlo**, l'*Hotel Fairmont*. Spinsi io per recarci in quel posto. Avrei voluto che fosse per tutti un messaggio chiaro: **"Stiamo diventando grandi e dobbiamo sentirci, ragionare e agire da grandi"**.

Cercare di vivere situazioni potenzianti, proiettarsi sul gradino successivo e sentirsi come se già si fosse lì è un aspetto molto importante. Ti aiuterà tantissimo a sentirti più forte.

Furono tre giorni incredibili. Durante i primi due giorni di incontri emerse tutto il disallineamento tra noi soci come non era mai avvenuto prima. Io avevo il fuoco dentro, loro non erano ancora consapevoli del percorso di trasformazione che stava avvenendo in azienda e principalmente da un punto di vista personale. Ricordo ancora le grida!

Volevo conquistare il mondo e non sentivo la stessa forza, passione, senso di sacrificio e visione del domani nei miei soci. Non avendo avuto tempo di condividere con loro tanti passaggi del mio percorso di trasformazione, mi ero assunto l'onere di prendere le decisioni più importanti che riguardavano una profondissima trasformazione aziendale, di cui io avevo già la visione e i primi strumenti.

Sapevo cosa stavo facendo, lavoravo su tantissimi aspetti diversi dell'azienda, mi formavo personalmente e avevo il **quadro d'insieme**. Loro, invece, vivevano questa trasformazione solo indirettamente, osservando i risultati straordinari che l'azienda stava ottenendo, ma senza capire la complessità del lavoro e dei nuovi meccanismi che stavano rendendo possibile tutto questo.

L'impegno di tutti non era in discussione, quello non era mai mancato. Ciò che mancava era la visione complessiva del mio progetto, la voglia di guardare nella stessa direzione e stipulare un patto ferreo tra di noi che ci impegnasse a dare il 101% d'ora in avanti.

Io stavo già dando tutto me stesso e, anche se ero contento di fare tanti sacrifici perché sapevo che finalmente mi avrebbero permesso di andarmi a prendere quello che meritavo, rinunciavo a tantissime altre cose che avrei voluto fare.

Non c'era giorno, weekend e festa che non fossi concentrato e in *focus*. Volevo che anche i miei soci si sacrificassero per raggiungere gli obiettivi che erano comuni e condivisi.

A breve capirai anche il perché di tutta questa mia voglia, decisione e determinazione!

I 4 Colori della Personalità

Durante il nostro *meeting* a Montecarlo emerse chiaramente che tutti ci aspettavamo cose diverse dagli altri. Come era possibile dopo tanti anni vissuti assieme a combattere tante battaglie e a condividere soprattutto i momenti difficili?

Il nostro *coach* del weekend fu Maurizio Papa, era un professionista di grandissimo spessore che ci aiutò concretamente e, con metodo, ad aprirci tra di noi e far emergere tutto quello che avevamo dentro, spingendoci ad allinearci attraverso la scoperta dei nostri veri "colori" della personalità.

Andammo via da quel weekend con un nuovo spirito che ci accomunava. Adesso condividevamo finalmente le strategie per far decollare l'azienda nei mesi a seguire, supportate da numeri, visione e compiti ben chiari per ciascuno di noi, definiti questa volta in base ai nostri colori della personalità.

Non credevo che fosse possibile definire le personalità delle persone su 4 colori ben specifici e che ogni colore potesse darti le istruzioni per leggere sia i comportamenti di ognuno di noi sia cosa aspettarti in determinate situazioni dagli altri.

Scoprii che nelle dinamiche aziendali il colore sbagliato, nella funzione aziendale sbagliata, porta a disastri! Concetto che in azienda è valido per tutte le funzioni: dall'accoglienza al servizio clienti, dall'amministrazione al commerciale fino all'amministratore delegato! Vale per tutti.

I 4 colori della personalità.

I colori della personalità sono composti da due punti di vista, quello **interno**, di chi lo vive, normalmente con **accezioni positive**, e quello **esterno**, di chi lo vede che invece può avere **un'accezione negativa**. Conoscere i colori della tua personalità, quella dei tuoi collaboratori e, non ultimi, dei tuoi clienti ideali è qualcosa di davvero utile e potente.

Pertanto, ne vale davvero la pena conoscere almeno le regole principali. Iniziamo col dire che nessun colore è migliore degli altri ma ogni colore, anche nella vita aziendale, ha una sua precisa collocazione per far rendere al massimo ogni persona nella funzione che le è stata assegnata.

Se è vero che nessun colore è migliore o peggiore degli altri, è altrettanto vero che un **professionista** che **vuole trasformarsi** in **imprenditore** dovrà a mio avviso avere un **mix** di **colori** ben **definito**.

Maurizio Papa ci spiegò che normalmente ognuno di noi ha almeno due colori forti e un terzo comunque importante mentre il quarto resta un po' più debole. Maurizio ci disse che, nella vita di ognuno di noi, il peso dei colori può cambiare. Avere idee chiare sui colori della personalità può fare la differenza prima di tutto su te stesso ma anche sui tuoi soci o collaboratori.

La divisione dei colori, secondo il modello preparato da *Carl Gustav Jung*, è effettuata su due assi. Un asse è orizzontale: a sinistra ci sono gli **introversi**, a destra gli **estroversi**.
L'altro asse è verticale: in basso ci sono le persone che vivono secondo le **emozioni** e i **sentimenti**, mentre in alto quelli che

vivono secondo la **logica** e la **ragione**.

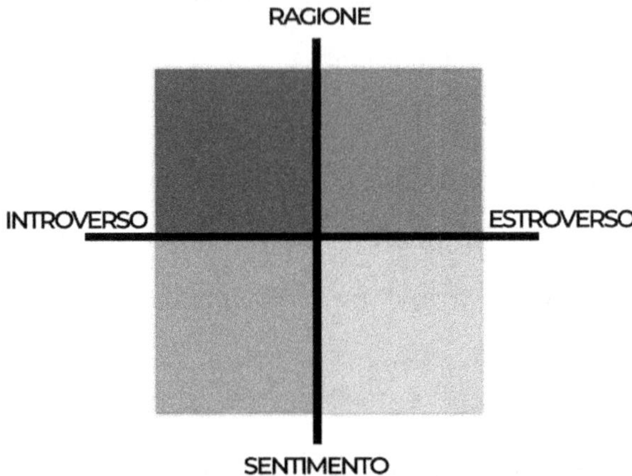

Da qui derivano i quattro colori della personalità.

Il **Colore Blu (introverso-ragione)**: rappresenta normalmente una persona che si sente precisa, attenta, giudiziosa, curiosa, scrupolosa, orientata al risultato, corretta, che ha metodo, ama i processi e la misurazione delle cose, formale, affidabile, concreta, mantiene la parola data, efficiente, prudente, ponderato, non ama lavorare sotto pressione, ricerca la perfezione, lavora bene da solo e con precisione.

Ma come possono vedere gli altri questo colore? Rigido, indeciso, sospettoso, freddo, noioso, riservato e pessimista.

Il **Colore Rosso (estroverso-ragione)**: rappresenta normalmente una persona che si sente esigente, forte, determinata, orientata agli obiettivi, che ha la visione, velocità, autostima, ambizione, determinazione, strategia, passione, lungimiranza, ego, originalità, istinto, intuizione, esigente, che ama la competizione, decisionista e che dà il meglio di sé a lavorare sotto pressione.

Ma come possono vedere gli altri questo colore? Arrogante, snob, aggressivo, intollerante, che non ascolta e che rischia troppo.

Il **Colore Giallo (estroverso-sentimento)**: rappresenta normalmente una persona che si sente socievole, entusiasta, ottimista, aperta, convincente, eloquente, che ci tiene alle relazioni, all'attività di gruppo, all'amicizia, flessibile e che segue l'istinto.

Ma come possono vedere gli altri questo colore? Superficiale, avventato, che improvvisa, suscettibile, indiscreto, appariscente, non affidabile e che non rispetta le regole.

Il **Colore Verde (introverso-sentimento)**: rappresenta normalmente una persona che si sente fiduciosa, comprensiva, collaborativa, paziente, affidabile, tranquilla, empatica, rivolta all'ascolto, sensibile e che tende alla comodità.

Ma come possono vedere gli altri questo colore? Diffidente, blando, pauroso, lento a decidere e diseducativo.

L'**analisi dei colori della personalità** è utile sia a **capire come siamo**, sia a **comprendere come ci vedono**, ma **ancora di più** a comprendere che a volte **ci aspettiamo** da personalità con colori diversi dai nostri **le stesse azioni che noi faremmo** con i nostri colori. Era esattamente quello che stava capitando a noi nella fase di trasformazione e che ci stava creando sia un forte disallineamento sia grandi incomprensioni.

Io che come colore dominante ho il rosso, con una base di blu, mi aspettavo da Simone Forte, che ha un verde molto accentuato, azioni in linea con la personalità di un colore rosso!

Ovviamente questo non capitava mai e, aggiungo, mai potrà capitare perché il colore rosso non fa parte della personalità di Simone e questo creava grandi tensioni tra di noi.

Ma l'errore di valutazione sulle aspettative nei suoi confronti era da un lato mio che non ne comprendevo la personalità e dall'altro che non sapeva con chiarezza definire i propri limiti e i propri punti di forza. Senza la giusta conoscenza dei colori della personalità, tutte le nostre aspettative insoddisfatte rispetto agli altri stavano creando molta tensione!

Lo stesso stava capitando con l'altro socio, Mario Cerrito. Relativamente alla funzione da lui svolta mi aspettavo comportamenti in linea con la parte blu della mia personalità, ma essendo Mario giallo preponderante era una continua aspettativa insoddisfatta!

La comprensione dei colori delle personalità ebbe diversi effetti positivi. Il primo fu che ognuno di noi si scusò con gli altri per non averli compresi e per aver ragionato solo secondo i propri colori. Il secondo fu che sempre ognuno di noi si scusò con gli altri perché comprese cosa gli altri si aspettavano da noi stessi secondo però i loro colori.

Il terzo fu che capimmo la forza della differenza dei colori della personalità. Scoprimmo che in squadra avevamo tutti i colori! Verde (Simone Forte), Giallo (Mario Cerrito), Blu (Angelo Fasola) e Rosso (Io). Portiere, difesa, centrocampo e attacco!

Dovevamo solo comprendere come far rendere al meglio ognuno di noi, con compiti precisi e corretti secondo le proprie personalità ed evitando di dare responsabilità e compiti non in linea con i colori della personalità di ognuno di noi.

Fu fondamentale anche comprendere i nostri colori deboli e come migliorarli. Infatti, come diceva Maurizio, migliorare di un 10-20% il proprio colore debole avrebbe fatto la differenza per ognuno di noi e, quindi, per la squadra.

Tornammo a Milano e **dal giorno successivo guardammo** i nostri **dipendenti** non più in bianco e nero ma **a colori!** Ci rendemmo conto che in amministrazione, dove deve obbligatoriamente esserci un blu forte, avevamo un verde! All'accoglienza, dove il colore più importante deve essere il giallo, avevamo un rosso!

Al servizio clienti, dove il verde (comprensione) dovrebbe farla da padrone, avevamo un blu! Come *Team Leader* in alcuni settori, dove è opportuno avere una buona dose di rosso, avevamo un verde!

Quello che apprendemmo a Montecarlo con Maurizio Papa ci permise di rivoluzionare e migliorare l'azienda. Innanzitutto, sistemammo le persone nei posti giusti e secondo i giusti colori. Capimmo, poi, anche un'altra cosa: se cerchi un collaboratore in una funzione che necessiti di un particolare colore della personalità, non puoi assumerne un'altra che abbia un colore diverso solo perché è preparata tecnicamente.

Se hai bisogno di un portiere, anche se si presenta il miglior attaccante non va bene! Persone con il colore giusto nella funzione giusta. Un errore che in passato avevamo fatto tante volte.

Come ti anticipavo prima, in base alla mia esperienza diretta e indiretta derivante anche dal contatto personale con tanti imprenditori di successo, **se davvero vuoi trasformarti da professionista a imprenditore i colori** che **dovranno essere** per te preponderanti sono il **rosso** (visione, coraggio, determinazione) e il **blu** (controllo e numeri).

Se ti rivedi invece negli altri colori, non devi perderti di coraggio, da un lato ti consiglio di lavorarci su, ricordandoti che un solo 10-20% di miglioramento sui tuoi colori più deboli farà la differenza nel tuo percorso di trasformazione, e dall'altro conoscendo meglio le tue attitudini e i tuoi limiti, sai bene che dovrai circondarti di collaboratori con i colori a te mancanti.

Chi vince è sempre la squadra e mai il singolo, anche se dovesse avere i migliori colori come imprenditore. Personalmente, seppur sento di avere un mix di colori della personalità corretto (rosso e blu), per essere un imprenditore non avrei potuto mai raggiungere alcun risultato importante senza l'aiuto della mia squadra che possiede i colori a me mancanti!

Conoscersi è il modo migliore per migliorarsi.

Stringemmo un patto: tutti, a testa bassa, saremmo andati a prenderci quello che ci meritavamo. Il 2019 sarebbe stato il nostro anno e nessuno ce lo avrebbe tolto!

Il Metodo S.M.A.R.T. per definire gli obiettivi

Tornammo con un piano di azione per rivoluzionare la nostra azienda nei mesi successivi e con degli obiettivi chiari da raggiungere. Obiettivi che riguardavano tutti i settori della nostra azienda e per individuarli utilizzammo il *Metodo S.M.A.R.T.*

Spesso ascolto sia professionisti sia imprenditori affermare che i loro obiettivi per l'anno successivo sono avere più clienti, gestire più pratiche, aumentare i propri fatturati, ridurre i costi, aprire nuove sedi, lanciare nuovi prodotti e così via.

Un obiettivo aziendale deve possedere almeno queste 5 caratteristiche (**S.M.A.R.T.**).

S – deve essere specifico (*Specific*). Ad esempio, ha lo scopo di aumentare il fatturato.

M – deve essere misurabile (*Measurable*). Quindi aumentare il fatturato di un valore definito, ad esempio del 20% o di 300.000€.

A – deve essere raggiungibile (*Achievable*). Quindi meglio evitare di dire "triplicare il mio fatturato"!

R – deve essere rilevante (*Relevant*). Deve essere qualcosa che ne valga la pena considerando il rapporto costi/benefici.

T – deve avere un tempo limite (*Time-Based*), quindi l'obiettivo deve essere raggiunto ad esempio entro i successivi 12 mesi, preferibilmente con degli step intermedi di verifica.

Definiti gli obiettivi aziendali, ragionammo anche su "come" e con quali mezzi (finanziari e di risorse umane) li avremmo raggiunti. Mi sentivo finalmente riallineato con i miei soci e con il *board* e non avrei commesso lo stesso errore di continuare a correre senza allineare l'azienda intera.

Decidemmo di investire una cifra molto importante, più di 40.000€

in formazione, per allineare anche i collaboratori più importanti dell'azienda.

Iniziammo tutti insieme un percorso di 12 mesi con appuntamenti mensili che, nel tempo, hanno permesso da un lato ai collaboratori di conoscere loro stessi i colori della personalità propri e degli altri e dall'altro, grazie anche a queste nuove conoscenze, di migliorare le performance aziendali di tutti.

Come avrai capito da quello che stai leggendo, **credo che non esista miglior investimento per sé stessi e per la propria azienda della formazione personale e aziendale**.

Febbraio 2019
Ancora felice dei risultati raggiunti a *Montecarlo* e per essermi riallineato con i miei soci tornai negli Stati Uniti d'America, questa a volta *Nashville, Tennessee*.

In questo caso non partecipai come spettatore ma da protagonista. Avevo mantenuto la promessa fatta a me stesso l'anno precedente. Sarei stato premiato con lo stesso premio che avevo visto ricevere, solo 11 mesi prima, da altri italiani, il ***TwoCommaClub*** di *ClickFunnels* di *Russell Brunson.*

Un premio consegnato a chi aveva realizzato oltre un milione di dollari grazie ai *funnels*! Che soddisfazione, noi che eravamo gli *ultimi arrivati*, salimmo sul palco a ritirare il premio che un anno prima avevamo solo sognato. A quell'evento ebbi il piacere di incontrare *Brendon Burchard,* un professionista straordinario, capace di sintetizzare mindset, strumenti e competenze.

Fu uno speech straordinario che mi motivò molto. Nel tempo, ho iniziato anche a seguirlo ed è stato un piacere e un grande motivo di crescita per me diventare membro della sua membership nel percorso *Hpx Coaching*.

Questa volta venne con me Giovanni Perilli, il tecnico che si occupava di *funnels* in azienda e che aveva partecipato con me e con Alina al corso di Michele Tampieri e Alessandro Bentivoglio nel novembre 2017. Ritenni giusto renderlo partecipe di questo grande risultato raggiunto.

I traguardi ambiziosi sono difficilissimi da raggiungere e quando ci riesci è giusto condividere le vittorie con chi attivamente lo ha reso possibile.

Furono tre giorni magici, pieni di energia. Il primo anno negli Usa fu la scoperta, il secondo, invece, fu l'anno della consacrazione e favorì la voglia di **alzare** ancora di più **l'asticella**.

Incontrammo e parlammo con **Dan Lok**, un formatore imprenditore con un canale *YouTube* di oltre 3 milioni (!) di iscritti. Era stato premiato per aver ottenuto più di 10 milioni di dollari utilizzando i *funnels*. Mi colpì tantissimo vederlo con la *troupe* per girare dei video professionali per il suo *business*.

Compresi l'importanza di fare i video e raccontare il proprio percorso e le proprie esperienze vissute. Io e Giovanni ci guardammo e decidemmo che l'anno successivo avremmo avuto anche noi la nostra *troupe* al seguito.

Durante l'evento avemmo la fortuna di assistere alle performance sul palco di un altro grande formatore imprenditore, Garrett White.

Anche lui, come Dan Lok, faceva parte del club più prestigioso, l'"*8th Figure – TwoCommaClubX*" di *ClickFunnels*, composto solo da imprenditori che hanno realizzato più di 10 milioni di dollari utilizzando i *funnels*.

Notai che entrambi avevano ricevuto come premio un anello incredibile, simile a quello che negli Usa viene consegnato a chi vince il campionato Nba di Basket!

Dall'intervento di **Garrett White** compresi l'importanze di **far trasparire le tue emozioni** quando mentre sei su un palco o davanti a una videocamera a raccontare le tue esperienze o semplicemente per entrare molto più in empatia con i tuoi potenziali clienti. Ti ricordo che i clienti comprano se si sentono capiti, non se capiscono te.

Scoprii, con mia grande sorpresa, che gli americani a differenza degli europei non hanno vergogna del loro passato e delle loro difficoltà perché queste vicissitudini, quando sono superate, rappresentano dei grandi traguardi raggiunti e possono ispirare altre persone.

Proprio per questo ogni storia raccontata, per essere accattivante nei confronti dei potenziali clienti, deve avere un passato difficile, un'ascesa, una caduta e una seconda risalita verso il successo finale.

Si chiama **"viaggio dell'eroe"** e puoi trovare questo schema in quasi tutti i film americani, pensaci. Sono costruzioni tecniche piene di anima, che creano grande empatia e immedesimazione da parte di chi le ascolta (anche i potenziali clienti).

Questa esperienza mi insegnò a cercare di trasmettere di più le mie emozioni al "pubblico" e nei mesi successivi mi avrebbe fatto fare un ulteriore salto di qualità nel mio modo di comunicare.

Il Segreto più Potente della Trasformazione: il tuo "perché"

Ma tra tutti gli *speech* che ascoltai a *Nashville* chi impattò tremendamente sul mio animo fu *Dean Graziosi*, oggi *business* partner di *Anthony Robbins*.

Dean basò il suo intervento sul palco sul **"perché"** che ognuno di noi deve cercare e trovare in sé stesso e sul quale appoggiare i propri sacrifici e la propria costanza.

La trasformazione da professionista a imprenditore inizia in un attimo, ma si costruisce e si consolida nel tempo. Si parte dall'intenzione, seguita dall'azione e dalla costanza ma, nel tempo, se non hai un "perché" davvero chiaro, solido e forte, la costanza viene a mancare.

Dean Graziosi ci aiutò con un esercizio a ricercare il nostro perché; l'esercizio consisteva nel porci 7 domande, 7 volte "perché". Ogni risposta fino alla settimana successiva serviva solo per iniziare con una nuova domanda: "perché questa risposta?". Solo alla settima domanda e, quindi alla settima risposta, avrai trovato il tuo vero "perché".

Potrai trovare tutto nel suo libro *Millionaire Success Habits* di *Dean Graziosi* che ho letto e consigliato a tanti miei amici; leggilo anche tu, può fare davvero la differenza nella tua trasformazione da professionista a imprenditore.

Il "perché" della tua vita difficilmente lo troviamo subito: è un viaggio intimo e profondo e quando arrivi a quello vero, che comunque nel tempo può cambiare, ti tocca dentro e l'emozione dovrebbe chiuderti lo stomaco e farti commuovere.

Attenzione a non confondere il "perché" con il desiderio dei beni materiali, non sono quelli che possono essere il tuo motore nei momenti difficili. Mi ero sempre chiesto perché avevo tutto questo fuoco dentro? Perché la stanchezza seppur presente non mi rallentava? Perché le difficoltà erano solo sfide per me?

Perché avevo voglia di essere tra i grandi e non solo in Italia ma anche all'estero? Perché ero diventato così affamato di formazione e crescita personale? Sapevo che il mio "perché" non era mai stato legato ai soldi, ma fino ad allora non avevo ancora trovato la risposta. Ma, con quell'esercizio proposto da Dean Graziosi sul palco e leggendo il suo libro, finalmente l'ho capito.

Il mio vero "perché" è mio padre!
Come ti dicevo all'inizio del libro ho sempre avuto un rapporto meraviglioso con mio padre, ho sempre apprezzato il suo senso del dovere, il suo senso dell'amicizia, il suo essere instancabile nel

lavoro e negli affetti, ma ho sempre pensato che nella sua vita non abbia assolutamente ricevuto quello che si meritava.

Negli ultimi anni della sua vita, per essere stato troppo attento agli altri, ha perso tutto. Questo mi ha lasciato un segno profondo e così oggi la mia rabbia e la mia forza, la mia forza e la mia spinta a continuare, a spingere anche nei momenti in cui sono esausto è lui! Mio padre, il mio "perché"!

Decisi che sarei diventato quello che lui avrebbe meritato di essere. Decisi che non mi sarei fermato davanti a nulla e con il giusto equilibrio sarei andato a prendermi quello che merito e quello che, pur meritando anche lui, non aveva mai ricevuto.

Anche mentre scrivo questo libro, provo un'emozione intensissima a raccontare questo aspetto così intimo della mia vita e ringrazio *Dean Graziosi*, al cui *Inner Circle* partecipo, per avermi aiutato a scoprire la mia benzina e la causa della mia inesauribile energia, il mio "perché".

Cerca anche tu il tuo "perché"!

Deve essere qualcosa che ti accende, che ti fa alzare dal letto, che ti fa balzare dalla sedia anche nei momenti in cui sarai stanco perché, magari, i risultati tarderanno ad arrivare o perché, come dopo ogni ascesa che si rispetti, c'è sempre una caduta.

Sono certo che nella tua vita non ti sei mai abbattuto ma con l'intenzione, l'azione, la costanza e un forte "perché" nessuno ti potrà più fermare; anche cadere rappresenterà solo una tappa intermedia del tuo meraviglioso viaggio dell'eroe verso quello che senti davvero di meritare.

Tornammo in Europa, io a Barcellona e Giovanni a Milano facendoci una promessa! L'anno prossimo saremmo tornati negli Stati Uniti d'America per ritirare, unici in Italia e tra i pochissimi al mondo, il premio "8th Figure – TwoCommaClubX", assegnato solo a imprenditori che hanno realizzato almeno 10 milioni di dollari di fatturato utilizzando i *funnels*!

Avremmo avuto anche noi quell'anello! Anche se operavamo in un mercato 10 volte più piccolo di quello americano, sentivamo di poter entrare nell'élite dei grandi imprenditori perché non ci mancava proprio nulla.

I mesi successivi furono incredibili, l'azienda cresceva in modo forsennato mese dopo mese e noi eravamo instancabili, non mollavamo un colpo, tutti concentrati su un obiettivo chiaro: l'America, gli Stati Uniti d'America.

In quel periodo ebbi anche l'onore di essere chiamato, insieme ad Alina, a partecipare come testimoni sui palchi di tutti i corsi formativi che avevamo frequentato. Parlammo delle nostre esperienze davanti a platee anche di 600 imprenditori, professionisti e marketer.

Fummo testimonial ai corsi di Giacomo Bruno, di Roberto Re, girammo un Video motivazionale per chi frequentava i corsi di Alfio Bardolla, mi invitò al suo corso il mio amico Giacomo Freddi per raccontare la mia trasformazione da professionista a imprenditore di successo, partecipai come testimonial all'evento "Osa 360" di Mirco Gasparotto; fui anche *speaker* in spagnolo a Barcellona e a Madrid ai corsi di Michele Tampieri e Alessandro

Bentivoglio. Furono momenti eccitanti e pieni di emozione.

Tutti ci chiedevano consigli su come superare i propri blocchi, le proprie paure e su come raggiungere i nostri risultati e noi eravamo sempre entusiasti di condividere la nostra esperienza con gli altri. I professionisti e gli imprenditori che ci ascoltavano e ci avvicinavano volevano sempre ringraziarci per il valore che avevamo dato loro e per averli ispirati, ma eravamo noi a ringraziare e siamo noi a dire grazie a ciascuno di loro per l'entusiasmo e l'emozione che ci trasmettevano.

Ho sempre creduto che **l'energia fosse circolare: se dai energia ti ritorna energia.** Anche al di fuori di questi eventi, infatti, mi contattavano tanti professionisti e chiedevano di venirmi a trovare personalmente in ufficio per una sessione di *mentoring*.

Questo mi dava un grandissimo entusiasmo e una grandissima soddisfazione per riuscire ad essere d'ispirazione per qualcun altro. Sentivo che apprezzavano la forza del mio messaggio e questo mi faceva davvero piacere; chi mi ascoltava si sentiva capito, perché riuscivo a comprendere le sue paure e i suoi timori, che erano esattamente quelle che avevo vissuto io.

Aver vissuto le stesse esperienze, ma nel mio caso averle superate, mi permetteva di dare dei giusti suggerimenti e non continuare a far commettere agli altri gli stessi errori che avevo commesso io.

Milano, Roma, Rimini, Riccione, Firenze, Barcellona e Madrid… mesi di continui spostamenti, speech, esperienze, migliaia di persone incontrate, emozioni e viaggi dell'eroe vissuti e condivisi. Il 12 luglio 2019, quasi a coronamento di tutte le emozioni che stavamo vivendo, mi sposai con Alina, la mia dolce metà. Furono giorni indimenticabili, belli e unici.

Tutto proseguiva magicamente e nel modo giusto. Decidemmo di non partire subito per il viaggio di nozze perché vivendo a Barcellona, una città di vacanza e di mare, pensammo che quel periodo sarebbe stato bello trascorrerlo.

Prenotammo così il viaggio di nozze a dicembre a Dubai dove avremmo trovato un clima caldo e accogliente per trascorrere nel modo ideale la settimana di Capodanno!

Quell'estate del 2019 proseguì esattamente come quella attuale (2020)… scrivendo un libro! La trascorsi sul balcone di casa scrivendo, guardando il mare e ascoltando musica. Terminai il mio secondo libro *Difendi i tuoi soldi per sempre con il Trust* anche grazie all'aiuto di Simone Forte. Stavamo già preparando alla grande il 2020.

Nel frattempo, in azienda iniziammo a rinforzare il team legale assumendo nuovi collaboratori specializzati in contenzioso tributario; i nuovi legali erano necessari per aumentare la nostra presenza sul mercato, anche nel campo degli Avvisi di Accertamento dell'Agenzia delle Entrate.

Si trattava di una fase antecedente all'intervento dell'Agenzia delle Entrate Riscossione su cui non ci eravamo concentrati fino ad allora. Anche in quest'area stavamo investendo tantissimo e preparandoci per il 2020. A settembre poi ci trasferimmo nei nuovi uffici di piazza San Babila, avevamo realizzato un altro sogno.

L'ufficio era tutto in vetro con vista su Corso Vittorio Emanuele e sul Duomo. L'utilizzo dei materiali in vetro ci serviva a dare un senso di trasparenza e tanta luce; destinammo una stanza intera alle registrazioni video, con *green screen*, luci per il set, telecamere, macchine fotografiche, computer per la regia, per il montaggio e attrezzature per le dirette *streaming*.

Ci sentivamo sempre più solidi e contenti di migliorare ogni giorno i nostri servizi in favore dei nostri clienti. Continuavamo a crescere tanto come acquisizione di nuovi clienti quanto come assunzione di nuovi collaboratori.

Ormai l'azienda era composta da quasi 100 persone tra dipendenti, collaboratori e difensori patrimoniali e gestivamo almeno altri 100 avvocati in tutta Italia come domiciliatari per partecipare alle cause dei nostri clienti.

Destinavamo tantissime ore lavorative alla formazione per noi soci, per i collaboratori, per i dipendenti, per i difensori patrimoniali e non ultimo per i nostri avvocati domiciliatari che dovevano conoscere a memoria le nostre strategie legali e trasferirle ai giudici durante lo svolgimento delle cause.

Per migliorare sempre l'esperienza dei nostri clienti con l'azienda, ci dotammo di un servizio clienti efficiente che operava con appositi software e con personale dedicato.

Io come cliente… per innovare

Implementavamo sempre meglio i nostri software per la gestione dei flussi aziendali e delle K.P.I. e cercavamo di migliorare sempre di più l'esperienza dei clienti. Guardavamo ad altri mercati di altri settori.

Come ti ho già detto, se vuoi innovare il tuo settore e il tuo mercato devi guardare altrove; devi contaminarti e trasferire le tue esperienze come cliente vissute in altri ambiti e applicarle all'interno della tua azienda. Rompi gli schemi e osa senza paura di commettere errori. Pensa che, ad esempio, noi inviamo ai clienti che fissano l'appuntamento sia un sms con i dati dello stesso, sia una email con l'immagine dell'avvocato che incontreranno in appuntamento. Entrambe le esperienze (*sms* ed *email*) le ho vissute prima io come cliente. Sarà capitato sicuramente anche a te.

Quando fisso un appuntamento dal dentista, mi arriva un sms e lo stesso accade quando me lo spostano o lo annullano. Pensai: perché non utilizziamo anche noi lo stesso sistema in azienda per comunicare con i nostri clienti? E così facemmo.

Un'altra esperienza importante come cliente l'ho vissuta quando ho dovuto sostituire la lavatrice di casa. La ordinai su *internet* e subito dopo l'acquisto mi arrivò una e-mail con la foto del tecnico che me l'avrebbe consegnata e installata nei giorni successivi. Mi resi conto quanto era stato rassicurante avere la sensazione di familiarità con qualcuno che ancora non avevo incontrato.

Quando il tecnico entrò in casa mi sembrava di conoscerlo già. Pensai che anche per i nostri clienti sarebbe stato rassicurante ricevere la foto dell'avvocato con cui si sarebbe svolto l'appuntamento. Infatti, dati i temi trattati (debiti importanti con il Fisco) avere già familiarità con l'avvocato avrebbe fatto tutta la differenza. E anche in questo caso così facemmo.

Un altro esempio. Abbiamo dotato la sala d'attesa dell'ufficio di musica di sottofondo. Il silenzio a volte crea ansia e non trasmette sensazioni positive.

Abbiamo dotato le sale d'attesa dell'ufficio anche di televisioni che trasmettono a ciclo continuo dei video professionali che rappresentano la nostra attività aziendale quotidiana, i miei *speech* sui vari palchi, la mia partecipazione alle varie trasmissioni televisive; anche questa innovazione nel nostro settore è un'esperienza che ho vissuto come cliente in un altro settore e mi dava una sensazione di grande familiarità con i miei interlocutori e di trovarmi nel posto giusto.

Tutto questo è per dire che, dando per scontata la tua competenza tecnica, un aspetto che impatterà tantissimo sulla tua azienda sarà l'esperienza vissuta dal cliente che deve essere sempre al centro della tua attenzione. Sono solo esempi pratici per farti comprendere che, a prescindere dal settore in cui operi, i clienti vivono esperienze che possono essere piacevoli o meno, sta a noi cercare di renderle sempre migliori uscendo dagli schemi predeterminati e innovando il settore in cui operiamo.

Se abbiamo vissuto come clienti un'esperienza positiva in un determinato settore, la stessa probabilmente potrà piacere anche ai clienti della tua azienda. Furono mesi molto intensi, vissuti senza sosta e a un ritmo di lavoro altissimo. L'anno 2019 finì in bellezza, con me e Alina in luna di miele a Dubai che ci godevamo tutti i risultati ottenuti trascorrendo la notte del 31 dicembre su una barca ad ammirare i meravigliosi fuochi d'artificio del Burj Khalifa, il grattacielo più alto del mondo!

Benvenuto 2020! E grazie 2019, un anno meraviglioso e indimenticabile.

P.S. Grazie, Dan Lok, Garrett White, Brendon Burchard, Roberto Cerè, Maurizio Papa e Dean Graziosi.

RIEPILOGO DEL CAPITOLO 6:

In questo Capitolo abbiamo analizzato gli strumenti che ti permetteranno di consolidare e sostenere la tua trasformazione da professionista a imprenditore:

• SEGRETO n. 25: analizza i 4 colori della tua personalità e migliora quelli in cui sei più carente e circondati di persone che compensano i colori a te mancanti; ricorda che ogni funzione aziendale richiede un colore specifico della personalità.

• SEGRETO n. 26: quando parli di obiettivi non essere mai generico e usa il Metodo S.M.A.R.T; ti aiuterà ad avere le idee chiare e semplificherà il raggiungimento degli stessi.

• SEGRETO n. 27: la tua vera forza sarà aver individuato bene il "tuo perché"; grazie a esso avrai gli strumenti necessari a superare i momenti di stanchezza e continuare il tuo processo di trasformazione da professionista a imprenditore.

Vai a questo link per scaricare la "Mappa della Trasformazione da professionista a imprenditore" www.carlocarmine.it/dpai/risorse.

Capitolo 7:
Come anticipare i tempi
e cavalcare il cambiamento

Gennaio 2020-Settembre 2020

Il 2020 era appena iniziato e non vedevamo l'ora di consolidare e migliorare tutto quello che avevamo concretizzato nel 2019. Non avremmo abbassato il ritmo, volevamo crescere ed espanderci ancora di più.

Celebra i tuoi successi

A fine Gennaio 2020 partimmo per *Nashville, Tennessee*, Stati Uniti d'America, un'altra promessa fatta a noi stessi e che stavamo per mantenere. Quest'anno insieme a me, oltre a Giovanni Perilli, venne anche Simone Forte il mio amico e socio.

Credevo che un'esperienza così profonda e motivante gli avrebbe fatto davvero bene. Partecipare insieme a me al *Funnel Hacking Live 2020* dal vivo e da "vincitore" sarebbe stato per lui il vero allineamento con tutte le emozioni che stavo vivendo io.

Esattamente così, come decidemmo 12 mesi prima guardando *Dan Lok* con la sua *troupe* per girare video professionali, questa volta anche noi portammo la nostra!

La troupe era composta da un videomaker e dal "delfino" di Giovanni Perilli. Nei due mesi precedenti non so quante ore trascorremmo con l'organizzazione di *ClickFunnels* per essere certificati al fine di ricevere il premio tanto ambito e per il quale avevamo dato tutto nel 2019: l'*8th Figure – TwoCommaClubX*".

Per riuscirci, infatti, dovemmo anche inviare all'organizzazione tutti gli estratti conto delle nostre società al solo scopo di permetterle di riconciliare i clienti acquisiti utilizzando i *funnels*, il nostro Crm e gli incassi effettivi.

Dopo tutto questo lavoro finalmente riuscimmo a essere certificati. Stavamo per diventare la prima azienda in Italia insieme a sole altri 46 nel mondo a raggiungere i 10 milioni di dollari incassati utilizzando i *funnels* e così saremmo entrati nell'esclusivo Club "*8th*

Figure – TwoCommaClubX"!

Ben 10 milioni di dollari incassati utilizzando i *funnels*! Soltanto 24 mesi prima, i *funnels* non li conoscevo neanche e adesso mi trovavo nel loro club più esclusivo. La mia trasformazione "Da Professionista a Imprenditore" poteva dirsi "certificata" e completata. Un'attività italiana di servizi legali nel mondo del marketing americano.

Tornando indietro nel tempo, quanto sono valsi quei 10.000€ che investimmo solo per partecipare come semplici spettatori a quel primo evento "*Funnel Hacking Live 2018*" di Febbraio a *Orlando* negli Usa con Giacomo Bruno?

Il tuo futuro non arriva da solo, lo costruisci tu: ora, non oggi!
Ci trovavamo nel *backstage* dell'evento nella zona riservata ai soli imprenditori appartenenti all'esclusivo club "*8th Figure – TwoCommaClubX*". Incontrammo e ci confrontammo con imprenditori del calibro di Russell Brunson, Dean Graziosi, Garret White, Myron Golden, Peng Joon, Jim Edwards e tanti altri "guru" provenienti da tutto il mondo.

Soltanto un anno prima ci sembravano dei giganti irraggiungibili. Adesso che ci confrontavamo con loro, ci rendevamo conto di quanto eravamo cresciuti ma la cosa più emozionante e motivante è stata il **parlar con loro da pari a pari**.

Erano loro stessi, che seppur grandi imprenditori, erano molto meravigliati dalla nostra *performance* perché comprendevano cosa significava aver ottenuto un risultato così importante in un mercato piccolo come quello italiano.

Gli Stati Uniti d'America sotto l'aspetto del riconoscimento dei risultati altrui sono unici. Se ottieni risultati sei acclamato, le persone si avvicinano a te, si complimentano e ti chiedono consigli per sapere come hai ottenuto quei risultati. Non mostrano alcuna gelosia per i successi altrui, cosa che invece avviene spessissimo in Europa.

Cerca anche tu di vivere i successi degli altri come avviene negli *Usa*. Lasciati ispirare e, quando puoi, avvicinati alle persone: chiedi consigli e ovviamente seguili! Non avere timore perché le persone di successo, specialmente quando sono imprenditori, normalmente sono sempre molto disponibili a condividere le proprie esperienze e dispensare consigli utili.

Era esattamente quello che accadeva a noi, quando parlavamo con imprenditori di grandissimo livello, erano sempre molto disponibili a dedicare il loro tempo per ispirare e motivare le persone che chiedevano un consiglio.

Poco prima di salire sul palco per ritirare il premio ricevemmo anche l'anello. Potrà sembrarti una cosa banale e priva di significato ma, al contrario, è un simbolo e un riconoscimento che crea un ancoraggio potente e meraviglioso.

Ti ricorderà per sempre che se davvero vuoi una cosa e ti sacrifichi nel modo giusto, faticherai tanto ma la otterrai.

Finalmente salimmo sul palco a ritirare il premio davanti a 5.000 esperti del mondo del marketing, professionisti e imprenditori provenienti da tutto il mondo.

Io, Giovanni e Simone fummo annunciati dallo *speaker* in inglese, in grande stile, e mentre suonava musica disco potentissima, salimmo i gradini del palco e all'improvviso gli occhi di 5.000 persone furono tutti per noi.

Fu maestoso, energia allo stato puro! Questo è il sentimento che si prova quando, dopo tantissimi sacrifici, rinunce, errori e tanta perseveranza anche nei momenti più difficili sostenuta dal tuo "perché", riesci a raggiungere il risultato che ti eri prefissato e che ti porterà in una nuova dimensione personale e professionale.
Il mio "perché" mi aveva portato lì.

Fui particolarmente felice di condividere quelle mie emozioni insieme a Simone che da quel momento in poi non le avrebbe più vissute attraverso i miei racconti ma direttamente e le avrebbe fissate nella mente.

Su quel palco, in quel preciso momento, anche lui prese consapevolezza intima di quello che avevamo fatto e di cosa eravamo diventati e, ancora di più, "vide" e "percepì" dove saremmo andati da lì in avanti. Ma le emozioni di quel giorno non erano ancora finite.

Per la seconda volta nella mia vita vidi dal vivo *Anthony Robbins*: la sua performance fu un'apoteosi di energia, energia, e ancora energia! Per noi quelle sensazioni furono come un messaggio. Eravamo all'inizio di un nuovo percorso di ulteriore crescita. Sempre più forti, sempre più consapevoli.

Per me fu la terza edizione del *Funnel Hacking Live* e dopo le prime scoperte del 2018, le soddisfazioni e la voglia di alzare ancora di più l'asticella nel 2019, questa edizione del 2020 mi trasmise senso di realizzazione, di consapevolezza e di forza.

Sentii che ormai eravamo davvero imprenditori e non più dei semplici professionisti. Ma la cosa più importante fu la consapevolezza che questo risultato raggiunto era troppo grande per essere frutto di un semplice "caso". In realtà mi resi conto che era stato tutto pianificato e visualizzato due anni prima.

Era stato realizzato grazie ai sacrifici, alla condivisione con Alina, agli investimenti economici e agli strumenti acquisiti.

Dopo tutte quelle emozioni rientrammo in Europa e dopo qualche giorno trascorso a Malta (ti ricordi che ti avevo parlato di un progetto di nome **TrustMeUp**?), con Alina ci recammo a Napoli per trascorrere un weekend di relax. Con noi c'era anche Simone, lì a Napoli volevamo trovare dei nuovi produttori per la linea di abbigliamento che Alina aveva disegnato e stava lanciando per "Danza Classica No Under 40".

Anticipa i Tempi e Cavalca il Cambiamento

Era il 21 Febbraio 2020.

Da qualche giorno erano comparsi in Italia i primi casi di Coronavirus o meglio Covid-19. Già dal nostro rientro in Italia, a inizio febbraio, io e Simone ragionammo su quello che stava accadendo in Cina.

Riflettevo su un punto e in particolare mi chiedevo come sarebbe stato possibile che 500 milioni di persone fossero state costrette al *lockdown* in Cina e come questo avvenimento non avrebbe avuto riflessi su di noi qui in Italia.

Non mi era chiara la portata di quel pensiero, ma sapevo che dovevo ascoltarlo. Sabato 22 febbraio inviai un sms al nostro programmatore. Gli scrissi: "Sentiamoci con urgenza".

Domenica 23 febbraio lo chiamai e gli dissi: "la settimana prossima voglio organizzare lo *smart working* per tutta l'azienda quindi ci servono *computer* portatili, *software* di monitoraggio, linee telefoniche. Ce la facciamo?".

Il mercoledì precedente avevamo rifiutato una collaborazione perché il candidato aveva espresso l'esigenza di lavorare 2 giorni a settimana da casa in *smart working* ma per noi venire in azienda era un obbligo! Solo 4 giorni dopo cambiammo completamente il paradigma e iniziammo a lavorare per mettere il 100% dell'azienda in *smart working*.

Ebbi tantissime resistenze da parte di tutti, compresi i miei soci.
Era solo la terza settimana di febbraio e in Italia c'erano ancora politici che andavano in giro a dire che bisognava uscire per gli aperitivi. Ma quelle 500 milioni di persone chiuse in casa in Cina, in un'era in cui tutti viaggiano continuamente e tutti siamo interconnessi, mi chiedevo se fossi solo io a vederle.

Ulteriori obiezioni erano dovute all'impatto che avrebbe avuto lo *smart working* sulla nostra attività legale. "Non si può fare, troppo complicato, dovremmo rivedere tutte le procedure e poi il problema durerà solo qualche giorno al massimo".

La mia decisione così forte e repentina di passare allo *smart working* derivò da alcune considerazioni. La prima riguardava la salute dei nostri dipendenti e collaboratori. Volevo tutelare prima di tutto loro e le loro famiglie.

Sapevo che alcuni di essi vivevano con persone a rischio per età o, purtroppo, per problemi di salute; così volevo che non si sentissero obbligati a venire in ufficio quotidianamente, con il rischio di contagiarsi e ancora peggio di contagiare i loro cari.

La seconda considerazione fu che ci saremmo dovuti preparare a *lockdown* improvvisi e, se non fossimo stati pronti, avremmo messo a rischio l'attività per i nostri clienti. Partendo da queste due considerazioni cercai di trasformare quel problema ineluttabile in una opportunità per la mia azienda, come dovrebbe fare un vero imprenditore.

I grandi imprenditori anticipano i problemi, li affrontano, e accolgono volentieri il cambiamento perché lo vedono come un'opportunità e non come un limite.

A complicare la situazione c'è da dire che avevamo appena preso in affitto anche un nuovo e prestigiosissimo ufficio all'ottavo e ultimo piano dello stesso stabile in cui ci eravamo trasferiti solo qualche mese prima.

Il nuovo ufficio rappresentava per noi un ulteriore step di crescita e affermazione nel panorama delle aziende ma incredibilmente da quel momento la nostra attenzione fu rivolta interamente allo *smart working*.

Come trasformare un problema in opportunità

Per trasferire tutta l'azienda in *smart working* investimmo in pochissimi giorni oltre 70.000€, ma ne sarebbe valsa la pena. Mi presi l'onere di quella scelta e purtroppo la situazione sanitaria peggiorava molto velocemente.

Il tempo a nostra disposizione scarseggiava e così accelerammo ancora di più creando nuove procedure in tutte le aree aziendali e formando tutti i collaboratori e dipendenti.

Comprammo in pochissimi giorni dei *roll up* da consegnare a tutti i collaboratori e avvocati della nostra azienda. Volevo che in caso di riunioni o di appuntamenti *online* con i clienti questi ultimi avessero la sensazione di un'azienda coordinata, sia fisicamente sia *online*, evitando così scene di riunioni con avvocati seduti magari nella propria cucina di casa.

Il momento era difficile ma l'esperienza del cliente doveva restare il nostro faro e i sacrifici fatti per crescere come immagine non potevano essere cancellati da un giorno all'altro. Stava per arrivare uno *Tsunami* **sanitario, economico e sociale**, lo percepivo, ma non potevo farmi prendere dal panico.

Andai avanti prendendo decisioni e lavorando con calma, ma con ritmo... e che ritmo! A Milano interi edifici con più di 5.000 persone venivano chiusi all'improvviso per un possibile contagio di un solo lavoratore. E se fosse successo anche a noi? Non potevamo permettercelo.

Con il passare dei giorni, in ufficio eravamo sempre meno perché ogni giorno il settore *IT* "liberava" interi reparti consegnando tutte le attrezzature per iniziare a lavorare dal giorno dopo in piena sicurezza in *smart working*. Divenne una corsa contro il tempo.

Ci preoccupammo anche delle linee telefoniche delle case dei nostri collaboratori, di consegnar loro nuovi cellulari, di un nuovo centralino, dei cavi di collegamento *lan*, dei loro nuovissimi *Notebook* al *router* di casa (non volevo si collegassero in *wi-fi*), un codice di condotta con indicazioni sull'abbigliamento da tenere anche in *smart working*, delle luci professionali per tutti quelli che avrebbero avuti contatto con i clienti…

Insomma, pensammo davvero a tutto! La chicca finale fu la creazione di un programma nuovo di *chat* e video interno per l'azienda, dotato di varie stanze *online* divise settore per settore, reparto per reparto, con anche un'*area relax* dove poter prendere, tutti insieme, un "*caffè virtuale*". Stavamo cambiando pelle e tantissimi paradigmi della nostra azienda in pochissimi giorni.

Il peso del "comando"

Il consiglio che mi sento di darti è che quando prendi una decisione in momenti di crisi devi essere netto, veloce ad attuarla. Non devi permettere a nessuno di consumare o abbassare le tue energie che, in quel momento, sono una risorsa fondamentale, né puoi concederti rallentamenti sul processo che stai attuando.

Ricorda: la stragrande maggioranza delle persone non ha quasi mai una visione del futuro e un quadro di insieme e, pertanto, tende spessissimo a essere restia al cambiamento.

Se decidi di cambiare deve essere netto, pur consapevole che all'inizio la qualità dei tuoi servizi potrebbe avere un peggioramento. Bisogna avere il tempo di adeguarsi ai cambiamenti e apprendere le nuove procedure o, magari, i nuovi software, ma dopo un breve periodo di assestamento la curva della qualità dei risultati tornerà a crescere.

Avevo la visione chiara di dove la mia azienda stava andando, ma mi rendevo conto che gli altri non avevano le idee chiare oltre ad essere bloccati dalla paura e dall'insicurezza degli avvenimenti, ma questo non era il momento della condivisione, qualunque giorno sarebbe potuto essere l'ultimo per la nostra operatività aziendale.

Anche Alina visse un momento difficilissimo per il suo progetto. Di lì a poco avrebbero chiuso tutte le sale da ballo e la sua attività si sarebbe interrotta bruscamente. Aveva da pochissimo investito in un paio di collaboratrici.

Prendemmo la decisione di non rientrare a casa a Barcellona per due motivi: il primo per permettermi di restare vicino alla mia azienda a Milano. Il secondo per trasformare anche il problema di Alina in un'opportunità; così attrezzammo la nostra casa di Milano con lo stretto necessario per creare una sala da ballo e poter girare dei video professionali! Da lì a poco sarei diventato anche *Videomaker*!

In questo modo, e da un giorno all'altro, anche Alina rivoluzionò il suo business e fece un salto quantico; il progetto *"Danza Classica No Under 40"* sarebbe passato dalle sale da ballo all'*online*. Registrammo un intero videocorso in alta definizione ma con un cellulare. Non sarebbe stata la tecnologia a fermarci.

Un'accelerazione e un cambiamento incredibile. Un progetto che Alina aveva in cantiere soltanto a partire dal 2021 si realizzò in 15 giorni tra fine febbraio e metà marzo 2020. Fu la prima in Italia ad accogliere questo cambiamento, a osare e a non avere paura.

Quante emozioni forti, ma il peggio doveva ancora arrivare e nessuno poteva immaginare quanto duro sarebbe stato.

Arrivò marzo 2020 e il Governo decise di imporre il *Lockdown* in tutta l'Italia. La nostra attività fu colpita particolarmente da questi provvedimenti perché accadde quello che mai nessuno avrebbe potuto immaginare!

Un "*Lockdown* fiscale" dall'8 marzo al 30 maggio, che poi si sarebbe prorogato fino al 30 agosto e poi ancora fino al 15 ottobre, anche se il sentore, rispetto a quanto in discussione in questi giorni, è che questa data possa subire un nuovo rinvio al 31 dicembre!

Ciò significherebbe uno stop per noi di 10 mesi di attività. In sostanza, tutti i contribuenti italiani potevano sospendere il pagamento dei loro debiti con l'Agenzia delle Entrate Riscossioni (la ex Equitalia), il nostro *core business*.

E non era l'unica notizia negativa che riguardava la nostra azienda, perché anche la notifica e il pagamento degli avvisi di accertamento di Agenzia delle Entrate erano sospesi fino al 2021!

Come ricorderai, avevamo investito in questo nuovo *business* negli ultimi 6 mesi somme molto rilevanti assumendo anche nuovi collaboratori che si dedicassero soltanto allo sviluppo di questa attività.

Sono sincero: ho sempre condiviso il contenuto di questi provvedimenti e non ho mai sperato in azioni diverse da parte del Governo, anche se influivano in maniera devastante sul nostro *business*. Dicevo ai miei soci che avremmo dovuto guardare al quadro più generale.

Un'economia morta non avrebbe portato clienti in nessun settore. Stavo trascorrendo l'ultimo giorno in ufficio a Milano, prima dello scattare del *lockdown*. Ero affacciato su piazza San Babila, tristemente e paurosamente deserta come non si era mai vista.

Sentivo il **peso di tutte le scelte** che stavamo facendo, lo sforzo finanziario che avevamo intrapreso a fronte dell'arrivo imminente e repentino di una crisi di liquidità della nostra azienda a seguito previsto blocco completo della nostra attività per mesi!

Respiravo profondamente riflettendo che, in vita mia, avevo vissuto tanti momenti brutti e difficili dai quali comunque con fatica mi ero risollevato. Non ero però mai arrivato così in alto quindi la caduta sarebbe stata davvero forte e dolorosa, ma questa volta avevo qualcosa che prima non avevo posseduto.

Negli ultimi due anni avevo acquisito tantissime conoscenze ed esperienze che sapevo di essermi trasformato da professionista a imprenditore, ma arrivò il momento di pormi una domanda dura, diretta e pesante… **Fortuna o Strumenti?**

Quello che avevamo realizzato era solo frutto del caso o, come avevo fino ad allora creduto, il risultato di tanto impegno sacrificio e utilizzo dei nuovi strumenti acquisiti? Non ebbi alcun dubbio.

Avrei dimostrato prima a me stesso e poi a tutti coloro che mi circondavano, e anche agli altri professionisti, che avevo ispirato in questi ultimi due anni, che non si ottengono i successi che avevamo raggiunto noi soltanto per caso o per fortuna.

Rimasi solo in ufficio, era sera tardi, in piazza San Babila, dall'alto della finestra del mio ufficio osservavo la piazza avvolta da un silenzio triste e tenebroso, ma volli respirare, vivere e assaporare quel momento così difficile.

Volevo centrarmi! Spensi le luci dell'ufficio che restava illuminato soltanto dalle poche luci della piazza e guardando dal mio divano la Madonnina sul Duomo mi sembrò di tornare ai miei primi anni di lavoro quando la sera, a piedi, tornavo a casa consapevole che quei sacrifici avrebbero creato il mio futuro. Mi emozionai e piansi! Ma da quel momento entrai in "Battaglia" e il mio "perché" mi venne in soccorso.

Non bisogna avere paura delle difficoltà e dei momenti difficili, non devi avere paura delle difficoltà e dei momenti difficili. Spesso pensiamo che le cadute o i fallimenti siano emozioni e momenti da cui scappare e magari, con finta "leggerezza", non viverli nel profondo.

Io credo, al contrario che, per quanto dolorosi, questi sentimenti vadano vissuti nella loro pienezza e considerati, insieme a quello che sta accadendo, semplicemente con un nuovo punto di partenza dal quale prendere slancio.

Sono una nuova condizione e da lì si parte, con calma ma con ritmo. Non farti abbattere mai dai momenti difficili, ma sii sempre pronto a vivere le nuove sfide: sono e saranno semplici punti di partenza, magari "nuovi" ma pur sempre punti di partenza.

Abbassare lo stato d'animo ti permetterà di vedere il futuro con più chiarezza, nella piena consapevolezza che non esistono fallimenti, ma solo meravigliose esperienze proiettate a conquistare quello che meriti.

Considera che mentre scrivo queste righe è inizio settembre 2020 e, se tutto va bene, per la ripresa della nostra attività mancano ancora quasi 2 mesi! In questo momento la nostra azienda naviga in acque agitate, ma da quell'sms del 22 febbraio 2020 che inviai da Napoli insieme a Simone al nostro programmatore, per far passare l'azienda in *smart working*, sono accadute molte cose.

Di lì a poco, come era prevedibile, arrivarono le disdette degli appuntamenti, il crollo del fatturato e il quasi blocco dei pagamenti e la situazione si fece davvero difficile. Ma come ti avevo anticipato **non mi persi d'animo** e iniziai senza paura né timore a ragionare.

Arrivai alla conclusione e convinzione che questo problema epocale sarebbe stato la nostra più grande opportunità e dissi a me stesso: **se non puoi fatturare oggi, preparati a fatturare di più domani!**

Nei due anni e mezzo precedenti eravamo cresciuti in modo esponenziale passando da 7 a 100 persone tra dipendenti, collaboratori e Difensori Patrimoniali.
Da 170 metri quadri di uffici in Via Saffi eravamo arrivati ad avere spazi per praticamente 900 metri quadri in San Babila, ma ogni crescita rapida ha il suo rovescio della medaglia.

Avevamo trasformato tutta l'attività aziendale in procedura e inserito nel nostro organico tanti dipendenti e collaboratori. Tuttavia, quando cresci molto velocemente, anche la selezione del personale risente della mancanza di tempo per scegliere le risorse giuste al posto giusto e le stesse procedure cambiano in continuazione, dati i volumi sempre crescenti di lavoro.

Le mie 13 Mosse per Dominare l'ansia

Rassicurai i miei soci, feci capire loro che in fondo eravamo stati fortunati: quello *Stop* forzato alla nostra attività a causa del *lockdown fiscale* ci avrebbe fatto presto decollare. Adesso ti spiego cosa intendevo con quella frase:

1) grazie e a causa della nostra crescita esponenziale avevamo costruito un grattacielo alto ma con fondamenta strette. Pertanto, avremmo approfittato di questo periodo di "tranquillità" obbligata per allargare le fondamenta della nostra azienda, lavorando con molta più attenzione sul miglioramento delle procedure.

2) Avremmo definito ancora meglio i ruoli e le responsabilità di ognuno di noi all'interno dell'azienda.

3) Avremmo potenziato e migliorato il servizio clienti attraverso l'individuazione di nuove risorse e la loro specializzazione.

4) Avremmo modificato la nostra attività di *marketing*, non più rivolta come nei mesi precedenti alla *lead generation*, quindi alla ricerca e acquisizione di nuovi clienti (d'altronde il pagamento delle imposte era stato sospeso), ma al nostro posizionamento, come ti spiegherò a breve.

5) Grazie all'utilizzo dello *smart working* avremmo potuto cercare nuovi collaboratori su tutto il territorio nazionale e non più solo a Milano, permettendo loro di lavorare direttamente dalla propria casa; come spiegavo sempre ai miei soci i nuovi collaboratori avrebbero potuto vivere in qualunque parte del mondo purché fossero a +/- 1 ora di fuso orario dall'Italia.

6) Terminato il *lockdown*, i clienti grazie allo *smart working* avrebbero comunque mantenuto l'abitudine di quel periodo e quindi a fare appuntamenti *online*, permettendoci di raggiungere ancora più clienti in tutta Italia i quali, date le nuove abitudini acquisite durante il *lockdown*, non avrebbero più sentito la distanza

come un limite.

7) Avremmo migliorato l'esperienza degli appuntamenti online per i nostri clienti, realizzando una piattaforma specifica, girando e montando anche dei video tutorial che gli avvocati gli avrebbero fatto vedere loro durante l'appuntamento.

8) Avremmo migliorato le *performance* delle udienze in tribunale che, tenendo anch''esse *online*, ci permettevano di gestirle direttamente dai nostri uffici (o dalle case dei nostri avvocati), esercitando un controllo maggiore rispetto a quando si dovevano seguire i domiciliatari su tutto il territorio nazionale.

9) Avremmo lasciato l'ufficio in corso Europa (pensa che quando lo prendemmo, solo due anni prima, avremmo voluto stipulare un contratto di affitto ventennale immaginando di aver raggiunto il limite della nostra crescita aziendale) e avremmo efficientato alcuni costi, diventando finanziariamente più snelli.

10) Avremmo investito da lì a qualche mese, anche grazie al credito di imposta concesso come agevolazione dal Governo (ricordi il

"Tuttologo Esperto" che usa leve di altri settori per scalare il proprio *business*?), cifre importanti per la pubblicità in tv sulle principali reti nazionali (si sarebbe trattato di *budget* davvero importanti) per fare il definitivo salto di qualità; in questo periodo difficile e di crisi per tutti, se hai la forza e il coraggio per osare e superare i tuoi limiti, allora è il momento ideale per investire nuove risorse e cercare di acquisire quote di mercato.

11) Avremmo pianificato l'uscita di un nuovo libro in concomitanza alla ripresa della nostra attività e lo avremmo fatto in collaborazione con una rivista importante: scegliemmo il mensile "Economy".

Sui punti 12 e 13 voglio soffermarmi un attimo.
12) Nei capitoli precedenti abbiamo avuto modo di parlare della *Scala dei Valori* che ogni attività deve possedere.
La nostra era così composta: sullo scalino più basso avevamo posto i video gratuiti o anche il primo capitolo del libro *Liberati da Equitalia*; sul secondo gradino avevamo posto il libro cartaceo a 9,97€; sul terzo gradino avevamo posto una prima consulenza con un avvocato che nel tempo è aumentata grazie anche al continuo

miglioramento della stessa da 197€ iniziali (nel primo periodo se ricordi era gratis!!) a 297€ e poi ancora a 397€; all'ultimo gradino della nostra scala dei valori avevamo posto la proposizione di un ricorso giudiziale presso i tribunali competenti a un valore minimo che è cresciuto nel tempo dai 3.500€ iniziali ai 10.500€ di marzo 2020.

A causa o grazie alla contingenza economica dovuta alla crisi e al *lockdown* ci rendemmo conto che mancava un gradino intermedio tra i 397€ della consulenza e i 10.500€ della pratica legale.
Insieme a Simone individuammo un nuovo servizio da proporre ai clienti e con un prezzo "ponte" che fosse percepito di grande valore dagli stessi.

Un servizio, inoltre, che nel tempo ci avrebbe anche permesso di proporre e vendere il nostro servizio più caro. Definimmo il valore di questo nuovo servizio a 2.500€ e dopo soli due mesi di prova, migliorandone la qualità, lo abbiamo aumentato a 3.500€.

Con questo nuovo gradino della scala dei valori abbiamo fatturato 150.000€ in due mesi e ci aspettiamo a regime, con lo sblocco del *lockdown* fiscale, che da solo possa incidere per circa 1 milione di euro all'anno. Aggiungo che individuammo l'ulteriore vantaggio di riuscire ad acquisire clienti che magari non avrebbero comprato il servizio più costoso.

Adesso ti è chiaro quanto sia importante **definire bene una Scala di Valori** dei propri prodotti o servizi?

13) Nei primi 2 mesi di *lockdown* tutti impazzivano per i webinar (sia nel realizzarli sia nel vederli) e ancora di più per le interviste *online*. In quel periodo anche io sono stato intervistato tante volte oltre a essere stato invitato per l'intervento di chiusura dell'evento totalmente *online* di Michele Tampieri e Alessandro Bentivoglio *"Funnel Marketing Live 2020"*.

Mentre partecipavo alle interviste mi interrogavo su cosa sarebbe rimasto di tutte queste interviste *online*? Ovviamente pensavo agli intervistatori. Erano tutte attività di contenuto gradevole, ma qual era il valore aggiunto per l'intervistatore stesso?

Qualcuno si sarebbe poi ricordato di loro o solo dei contenuti e quindi degli intervistati? Non potevo restare fermo ma ci saremmo dovuti inventare qualcosa di nuovo, dovevamo differenziarci dalla massa e rivolgere lo sguardo altrove.

E così, dopo aver fatto anche qualche *webinar* tecnico, una notte pensai… "Produciamo uno *Show*!".

Un nuovo format per i nostri potenziali clienti che sia riferibile alla nostra attività aziendale, che dia valore a chi ci segue per restare informato sull'attualità economica. Il nuovo *Show* avrebbe contemplato una sezione dedicata ai "**Casi Risolti**" e una sezione dedicata alle "**Domande e Risposte**" da parte dei nostri potenziali clienti, con riferimento all'attualità fiscale.

Entrambe queste rubriche sarebbero state strutturate da video girati dai nostri stessi avvocati, in modo da creare familiarità con i prossimi e potenziali clienti. I video sarebbero stati di qualità e pensammo anche a una sigla che mostrasse i volti e l'operatività giornaliera della nostra azienda.

L'ultima sezione prevedeva delle interviste con imprenditori e formatori di spessore con i quali avevamo collaborato, in modo da fornire ai videospettatori, in un momento così difficile, degli strumenti per rilanciare il proprio *business*… Accostare la mia persona a questi grandi imprenditori avrebbe fatto crescere il Posizionamento dell'azienda.

Se non puoi fatturare oggi, preparati a fatturare di più domani. Abbiamo avuto come ospiti giornalisti dell'Ansa, di "Repubblica", di "Economy", del "Wall Street Journal", deputati del Parlamento, presidenti di ordini professionali nazionali e abbiamo commissionato anche un'indagine *Doxa* sulla Tutela patrimoniale!

Pensa che posizionamento vedere CFC Legal associata alla *Doxa*. Tutti questi sforzi sono avvenuti mentre la nostra attività era (e ancora lo è mentre sto scrivendo queste pagine) praticamente bloccata dal *lockdown* fiscale.

Nonostante ciò, non abbiamo mai smesso di guardare con coraggio e visione al momento in cui la nostra attività potrà ripartire. Ti posso dire che le persone che ci guardano ogni settimana al **Tax Show Live** (www.taxshow.live/youtube il nome del programma è stata un'idea di Simone) ricevono tantissimo valore.

Ci prepariamo instancabilmente per una settimana intera e chi ci segue percepisce la nostra preparazione e l'attenzione che poniamo a ogni argomento nell'interesse degli imprenditori e professionisti. I nostri potenziali clienti, seguendoci ogni settimana, ci vedono accostati alle testate giornalistiche più prestigiose e a grandi professionisti e imprenditori.

Tale posizionamento accresce la loro percezione di solidità, affidabilità e competenza della nostra azienda. Posso dirti che in questi mesi, grazie a Tax Show Live, abbiamo fatturato almeno 300.000€. Il *lockdown* ha permesso a tanti imprenditori e professionisti di riconvertirsi.

Pensa a tutto ciò che ti ho raccontato: alla riconversione delle lezioni di danza classica di Alina, dalla sala ai corsi *online*; ad alcuni ristoranti chiusi che si sono riconvertiti in locali che effettuano consegne a domicilio; a chi era specializzato a organizzare eventi fisici nelle sale che ha dovuto trasferirsi su *internet* realizzando eventi *online*; noi questa riconversione non abbiamo potuto realizzarla perché il Governo ha deciso lo **stop totale della nostra attività** (ripeto giustamente per gli imprenditori e in generale contribuenti) dall'8 marzo almeno fino al 15 ottobre: 8 mesi! Non siamo stati fortunati a raggiungere quello che abbiamo raggiunto: questa è la risposta che ho dato alla mia domanda che, quel giorno di marzo, in una San Babila tristemente silenziosa, mi posi e mi fece molto male. Fortuna o Strumenti? Strumenti!

Non ci siamo fermati e grazie a questi strumenti ormai acquisiti stiamo lavorando per la ripresa della nostra attività e per andarci a prendere quello che meritiamo. Ogni ascesa e ogni viaggio dell'eroe prevede delle cadute, ma se hai gli **strumenti**, la **volontà**, l'**azione**, la **costanza** e un "**perché**" forte, resteranno solo cadute da cui rialzarsi con più grinta, più forza e più determinazione e più coraggio…

Vatti a prendere quello che meriti, il futuro non arriva da solo, lo crei tu, ora, non oggi! Al tuo viaggio dell'eroe e al tuo "perché" più intimo e profondo.

To be continued…

La Formula W.I.A.C. – La "W" – Why

"Principio" e "Fine", il "Why", il tuo "perché" è il cuore della formula W.I.A.C. È la parte cardine, quella che non deve e dovrà mai venir meno in alcun istante perché rappresentativa delle fondamenta della tua trasformazione.

Se dovesse venir meno, in qualsiasi istante, verrebbe meno ogni tuo obiettivo, sogno e motivo per realizzare il passaggio "Da Professionista a Imprenditore".

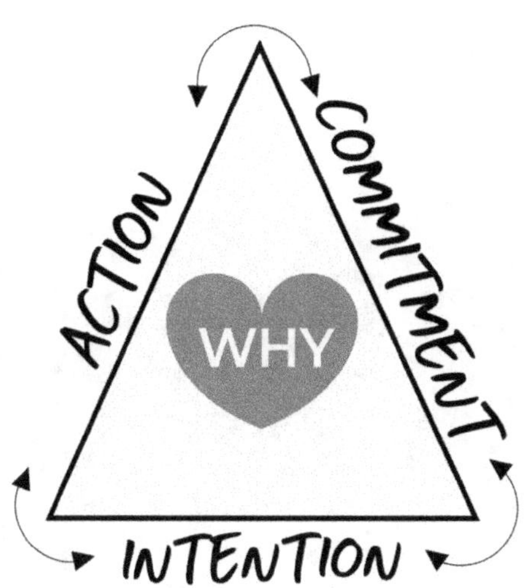

Why: durante il percorso di trasformazione da professionista a imprenditore ci saranno momenti di difficoltà che tenderanno ad affievolire la forza dell'impegno. In quei momenti solo la conoscenza del tuo più intimo "perché" sarà la nuova energia e il nuovo vento improvviso nelle tue vele in un mare calmo.

Il tuo "perché" ti permetterà di superare i periodi in cui la stanchezza emotiva e fisica potrebbero presentarsi. Scopri il tuo perché e nulla più potrà fermare la tua intenzione, azione e impegno per raggiungere e prenderti quello che meriti.

RIEPILOGO DEL CAPITOLO 7:

In questo Capitolo abbiamo analizzato come gli strumenti acquisiti ti potranno permettere di affrontare tutte le nuove sfide che il futuro ti riserverà, partendo però da un modo di ragionare e affrontare i problemi completamente diverso

- SEGRETO n. 28: il cambiamento è parte fondamentale del tuo viaggio di trasformazione; gli imprenditori tendono sempre a innovare nel proprio mercato. Per far ciò devi essere sempre aperto al cambiamento e cercare di anticipare i tempi per essere sempre tra i primi nel tuo settore.
- SEGRETO n. 29: concentrati sempre sulle soluzioni e mai sui problemi che devono diventare le tue migliori opportunità di cambiamento e crescita.
- SEGRETO n. 30: sii sempre grato per quello che hai.

Vai a questo link per scaricare la "Mappa della Trasformazione da professionista a imprenditore" www.carlocarmine.it/dpai/risorse.

Conclusione

Grazie, grazie, grazie! Non posso non terminare così questo libro perché non c'è cosa più bella che tu possa fare che dire Grazie.

E allora inizio io, ringraziando tutte le persone che mi hanno aiutato e permesso di arrivare fin qui. Ricorda: oltre ogni regola, ogni metodo, ogni formula, ogni successo e, perché no, ogni caduta e ogni rialzata, c'è sempre un grazie.

E allora, da queste conclusioni "porta a casa" il senso della gratitudine e fa' in modo che accompagni la tua quotidianità e il tuo percorso di trasformazione.

Per migliorarci abbiamo bisogno costante di persone cui ispirarci: formatori, coach, imprenditori e mentori. E, non per ultimo, una fortissima unità d'intenti con chi ti sta accanto: fa' sempre in modo di condividere il viaggio con *la tua dolce metà*.

Quanto tempo occorre a trasformarti "Da Professionista a

Imprenditore"? 24 ore? Una settimana? Un mese? Un anno? Io credo un attimo: afferra quel fuoco che stai vivendo in questo momento e che hai visto e sentito ardere in te leggendo il libro. Comprendi con chiarezza che la cosa che oggi non hai è, forse, solo un percorso chiaro e tracciato di trasformazione.

Un percorso che abbia visione d'insieme e non piccoli e staccati pezzi di puzzle. Sii curioso e umile, elimina ogni filtro derivante dalle tue esperienze passate e comprendi che la cosa più importante, in questo viaggio di trasformazione, che ti permetterà di scalare il tuo business è solo il soddisfacimento di un bisogno del tuo cliente.

Avrai compreso che non ti manca nulla e che il percorso di trasformazione "Da Professionista a Imprenditore" è fatto di strumenti acquisibili tramite studio e formazione, ancor più applicandoli, senza paura e freni!

Se hai terminato questo libro è perché dentro di te è molto forte l'intenzione di andarti a prendere quello che meriti. Ne sono certo, lo so e lo sento: questo è il tuo momento, il tuo treno che sta passando.

Quello che ti chiedo è di iniziare il tuo percorso di trasformazione **Ora e non oggi**. Di continuare domani, dopodomani e nei prossimi giorni. Ti consiglio, però, di scendere nel tuo intimo e di cercare il tuo *"perché"* più profondo: sarà lui ad aiutarti nei momenti di difficoltà, stanchezza e insuccessi, così come quando i risultati potrebbero tardare ad arrivare.

Sarà proprio lui, il "Why", a diventare il cuore della tua Trasformazione… in un istante.

Vai a prenderti quello che meriti!

Inizia ora, scaricandoti la Mappa e accedendo all'area esclusiva con tutte le risorse relative al libro. La tua Trasformazione è a un click! => www.carlocarmine.it/dpai/risorse.

Risorse

- www.carlocarmine.it/dpai/risorse, per accedere alla **Pagina Web** esclusiva con video, pdf e materiale scaricabile.

- www.carlocarmine.it/libri, per scoprire e ottenere i miei libri **Best Seller Amazon** autografati.

- www.taxshow.live/youtube, il link per accedere al canale Youtube di **Tax Show Live**, lo show del mercoledì su "Fisco, Economia e Strumenti di Rilancio per Imprenditori".

- www.carlocarmine.it/youtube per accedere ai video di *YouTube* in continuo aggiornamento.

- www.carlocarmine.it/linkedin per entrare in contatto con me su *LinkedIn*.

- www.carlocarmine.it/gruppofb per accedere al **Gruppo** Chiuso esclusivo di *Facebook* **"Da Professionista ad Imprenditore di Successo"**.

- www.carlocarmine.com/spotify, il canale **Podcast** attraverso il quale potrai connetterti con me, dove e quando vuoi.

www.ingramcontent.com/pod-product-compliance
Lightning Source LLC
LaVergne TN
LVHW020317200726
843507LV00012B/2131